I0470280

THE LAST JOURNEY OF ENRIC GRANADOS

Enrique Granados, Spanish composer and pianist, was born in Lleida, Spain on July 27, 1867 to Calixto Granados, an army captain, and Enriqueta Campiña. Granados and his wife, Amparo Gal, had six children.

On March 24, 1916, aged 48, he drowned in the English Channel on the way from Folkestone to Dieppe. The ship on which he was a passenger was torpedoed. His body was never found. His wife, Amparo Gal drowned and was also lost at sea.

The best known works of Granados are *Danzas espãnolas* and *Goyescas* - a set of six piano pieces based on the paintings of Goya, subsequently extended to an Opera which was premiered in New York, 1916. While in New York, Granados made live recorded piano rolls, his very last recordings, which can still be heard today.

David Walton graduated in Modern Languages at University College, London, and undertook further studies at the University of Florence and at Trinity College of Music. He worked as a Civil Servant prior to his career as musician – pianist, organist and teacher.

Opus Musica

THE LAST JOURNEY

OF

ENRIQUE GRANADOS

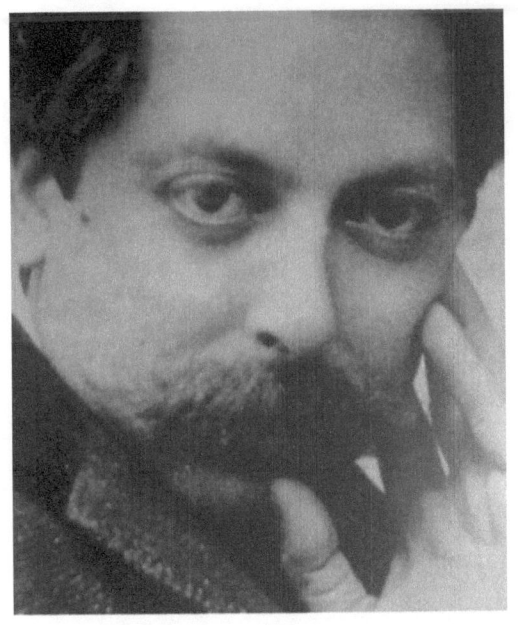

David Walton

English • Español • Català

First published in 2007   Second edition 2009

The rights of the author have been asserted

© David Walton and Opus Musica

Design and edit: Norma Procter

ISBN 978-0-9561536-3-0

Spanish Translation / Traducido al español
por **Clara Walton**

Catalan Translation / Traduït al català per
Helena Massip

The death of the great Spanish composer Enrique Granados has been a subject of debate, since it occurred in 1916, but apart from biographers recording the fact that Granados and his wife died at sea, not much more detail has been available up to now.

Several musicologists and historians speculated on the various possibilities surrounding the circumstances of Granados's death, but here, for the first time, David Walton brings us the true story of what really happened to Enrique Granados on that fateful day of 24th March, 1916.

Walton's work reveals, with military precision, the details of the death of Granados in the English Channel. It examines all available documents of historical evidence around the wrecking of the 'Sussex', (a British ship originally, but then flying the French flag) now known to have been torpedoed by a German submarine. Granados and his wife were among the passengers on this vessel. They were returning from a trip to New York, where his opera, Goyescas, had just been Premiered. Both husband and wife perished in this tragedy at sea.

For this reason, Opus Publications and Opus Musica have decided that it is timely to produce this second edition of David Walton's book, The Last Journey of Enrique Granados. It is a 'must read' for all those interested in Spanish music and accurate history.

AlbertoPortugheis

7

ENRIC (ENRIQUE) GRANADOS

Enric (Enrique) Granados was born on July 27, 1867 in Lleida, near Barcelona. After his family moved to Barcelona, Granados began piano studies there in 1879 and the following year he continued with Joan Baptista Pujol. In 1883 he won a competition performing Schumann's Sonata, Op. 22. One of the jury members was the noted composer Felip Pedrell, who began giving Granados classes in harmony and composition the following year.

In 1887 Granados went to Paris where he studied piano with Charles de Bériot. After returning to Barcelona in 1889, Granados published his Danzas Españolas, which brought him early international recognition. In addition to his approximately 250 piano works Granados composed some of the finest vocal music ever written with Spanish and Catalan texts, as well as chamber music, six operas (four of which have not been published), and important orchestral works, which, with two exceptions, also remain unpublished.

Both a pianist and conductor, during his career Granados performed concerts in Spain, France and New York collaborating with violinists Eugène Ysäye and Jacques Thibaud, pianists Mieczyslaw Horzowski and Camille Saint-Saëns, and conductors such as Isaac Albéniz and Pau Casals. Granados was also a fine teacher. In 1901 he founded the Academia Granados, which continues today as the Academia Marshall under the direction of Alicia de Larrocha.

In 1912 Granados met American pianist Ernest Schelling, who was the first pianist to perform Granados's music outside Spain. Schelling arranged for Granados's works to be published by G.Schirmer in New York and encouraged Granados in his plans to convert his piano suite Goyescas into an opera, later arranging for its première at the Metropolitan Opera.

Terrified of the ocean, Granados nevertheless sailed to New York in late 1915 for the première of his opera Goyescas on January 28, 1916. While in the United States he performed numerous concerts, made piano-roll recordings, and also performed at the White House. Granados and his wife sailed back to Europe via London but while crossing the English Channel on the French (formerly British) ship 'Sussex', their boat was torpedoed by a German submarine and they both perished.

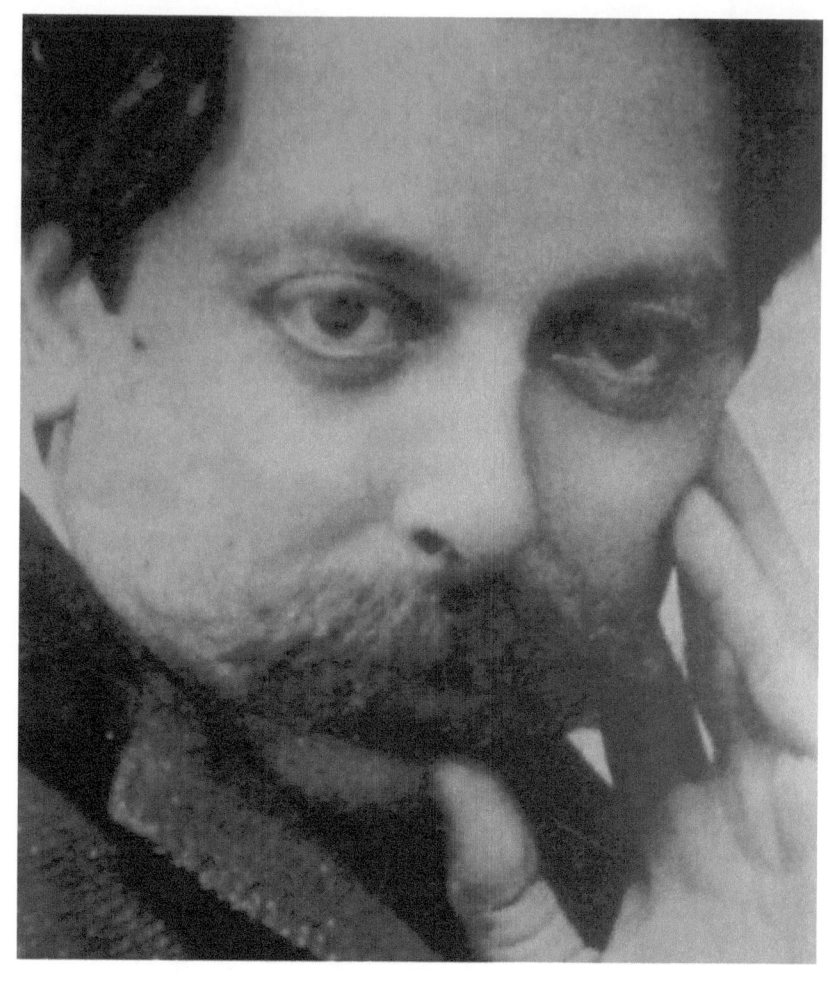

THE LAST JOURNEY

OF

ENRIC GRANADOS

David Walton

THE LAST JOURNEY OF ENRIC GRANADOS

About two years ago, following research to assist American scholars in obtaining details of the final journey of the Spanish composer Granados culminating in his death at sea, I wrote an article on that subject for the Newsletter of the Iberian & Latin American Music Society. As a direct result of this, I was requested to extend the article into a form which would serve as a reference to musicologists in the one area which has been subject to a confusing mixture of facts, half-truths, speculation, hints, and downright lies: that final journey from New York after his tour of the USA - a journey he never completed. It is simply recorded in most reference works that he died on 24 March 1916 "at sea".

For the first part of this account I am grateful for help in my researches to: the National Maritime Museum, Greenwich; the Falmouth Maritime Museum; the National Railway Museum, York; the Holland-America Line, Rotterdam; the Admiralty, for their courtesy in allowing me to reproduce the 1915 Chart of the relevant part of the English Channel; the Meteorological Office; Captain Barker of Trinity House; and to Mervyn Fromm and other Volunteers of the Bluebell

15

Railway (formerly LBSCR) Preservation Society. I must also thank Steve Jordan, author of 'Ferry Services of the LBSCR', and the Oakwood Press for allowing me to reproduce the photograph of 'Sussex'.

NEW YORK to ENGLAND

Granados and his wife Amparo sailed from New York on 11 March 1916. Not, as has been suggested, on the 'Sussex' (which was a 1300-ton cross-Channel ferry!); not on the 'Lusitania' (which was actually torpedoed in 1915); but aboard the Holland-America liner 'Rotterdam', making her last passage because of the War. Their names are on the passenger list, travelling First Class. 'Rotterdam' was bound for her home port of Rotterdam. Some sources have suggested that she was bound for Liverpool (traditional English take-off point for the USA in the nineteenth century) but this was not so. She was scheduled to lie off Falmouth in order to disembark passengers for England, but otherwise not to berth at any UK port. (Research has been complicated by the discovery that she afterwards put into Dover – forbidden territory for commercial shipping in WW1! - and actually embarked a handful of passengers there for Rotterdam, for reasons that I have been unable to establish).

Lloyd's List records that she passed the Lizard Point on Sunday 19 March and the same day arrived outside

Falmouth, where she unloaded 371 passengers. The Disembarking Passenger List (which is dated 20 March by both the purser compiling the list and the local Aliens Officer) includes the names of Granados and his wife.

At this stage it is convenient to look back in history. An unwritten code of ethics had grown up among professional users of the sea, even in wartime conditions. A warship might attack a merchant ship; but a challenge would first be issued, and acknowledged, by flying appropriate flags. The merchant ship could then surrender, indicating that she had done so by lowering her flag. If surrender was not immediately forthcoming, the warship would then open fire. Once surrender had taken place it was understood to be the moral duty of the victorious ship to spare and to save life as much as possible – both sides acknowledged the Sea as the real enemy. To do otherwise, to leave helpless civilians possibly including women and children to drown, savoured of piracy and barbarism and had no place in 'civilised' warfare. Fishing boats were normally unmolested. I have no reason to believe that any of the belligerent navies pre-1914 abused this code.

The invention of the submarine raised questions about operational ethics, as a submarine is very vulnerable to conventional surface warships, and has no space for taking aboard more than a handful of survivors. Her tactical use would presumably have to be to hit – and run. In the 21st century, TV and a hundred years of calculated atrocities have hardened our minds to what war entails. Not so in 1914, when it was unthinkable that any civilised nation should carry total war to helpless civilians and leave human beings to drown. Would any side use the submarine weapon in such a way? General Hindenburg gave the answer through an Austrian newspaper, as reported by 'The Times' on Sunday 29 November 1914: "The more frightful you are in war, the sooner you will bring the frightfulness of war to an end", he said. The Great War was then barely three months old. Be it noted that Germany had already failed in her immediate war strategy of swift invasion across Belgium and France, and events were settling into a trench-warfare stalemate.

The world did not have to wait long for this policy to be implemented. 'Casualties to Shipping Through Enemy Causes 1914-1918' (Lloyd's) shows a long list of merchant ships attacked and sunk or damaged by submarines. The 'Amiral Ganteaume' carrying over 2000 refugees was an early victim, later the mighty 'Lusitania' – and with enormous loss of life. The 'Scientific American' (29 May 1915) comments "…..The commander of the German submarine, when he discharged his torpedo at point-blank range and saw it strike home, knew that the 'Lusitania' would probably go down fast and long before her helpless passengers could take to the boats. This was expected and so intended by the Imperial German Admiralty…." Examination of Lloyd's records shows that ships flying neutral flags were at risk as much as those of belligerents. Fishing boats in particular were victims, in large numbers, of U-boat attacks.

Granados extended his stay in New York, and thus missed the sailing of a Spanish liner (the 'Antonio Lopez') bound for Spain. He apparently had the choice between 'Rotterdam' and a French liner bound for Bordeaux. That would have been much nearer home – but France was a belligerent. Maybe Granados thought that the Dutch vessel represented the lesser risk, and indeed ''Rotterdam'' made her home port without mishap – as did the French vessel.

So Granados and his wife, together with most of 'Rotterdam's' payload, came ashore by tender at Falmouth, where a Boat Train of the Great Western Railway would have been waiting to take them to the GWR London terminus at Paddington. The GWR was fast in those days. If the train was behind one of the famous 'City' class – world speed-record holders – the journey has been estimated at only 5 hours. They then proceeded to the Savoy Hotel (their UK destination as recorded on the Passenger List) for a stay of what must have been 4 nights.

LONDON TO THE ENGLISH CHANNEL

In peacetime, the traveller to the Continent of Europe had several options. For the short sea-route, the South Eastern & Chatham Railway (SECR) took passengers from Charing Cross Station to Dover or Folkestone, a distance of some 70 miles, where they would board the waiting packet, a steamship owned by the SECR or its French opposite number. The crossing distance was just over 20 miles, normally covered in about one and a half hours (more, if the weather were nasty – which it frequently was!). On arrival at Calais or Boulogne, a train would take them the remaining 180-odd miles to Paris. A favoured alternative to save money was to travel from Victoria Station by the London Brighton & South Coast Railway (LBSCR) to Newhaven, then the crossing of some 40 miles (timed in those days at two and three-quarter hours) to Dieppe, thence a shorter train ride to Paris – or a designated cross-country rail route to the southwest and Spain. This option was advertised widely as 'la voie économique', but had the disadvantage that it was not famous for smooth crossings – and over an hour longer at sea. Both English railway systems were private companies.

These options were reduced by 1916. Charing Cross Station and the ports of Dover and Newhaven were taken over by the military and were closed to civilian traffic. The SECR had an alternative London terminus:–Victoria Station, which was partitioned into two sections, of which they controlled one for part of their network. It could be used for trains to the Channel Ports (and for many years Platform 8 was well-known to continental travellers who boarded the 'Golden Arrow' there). The LBSCR had no other port at its disposal. An arrangement was necessarily made between the two companies, overseen and largely dictated by the War Ministry, by which LBSCR ships could berth at Folkestone but their trains would not have running rights over SECR metals. Ticket receipts went to the Railway Clearing House to be distributed as appropriate.

So it seems fairly clear that Granados and his wife must take taxi from the Savoy, along the Strand, past Charing Cross Station with its thousands of rookie soldiers on their way to the Front – and its convoy of ambulances waiting for those returning; down Whitehall and so to Victoria Station. They would enter the LBSCR section as their tickets required, but then be shown to their Boat Train in the SECR section. They may not even have known that their immediate destination was Folkestone rather than Newhaven. The train, with its coaches painted crimson lake, will proceed slowly through the busy suburbs of south-east London, swiftly through the Weald and hop-fields of Kent, past the industrial locomotive-building works at Ashford, to the first sight of the English Channel high up at Shorncliffe, and finally to Folkestone Junction. Here the express locomotive will be detached and one or two small banking engines will guide the train down the steep gradient (1 in 30) to Folkestone Harbour, some two hours after leaving London. Entering the Harbour from the east, passengers may see to the west the equally steep road down to the Harbour, later sadly named 'Road of Remembrance' in memory of the hundreds of thousands of young men who marched down it on their way from Shorncliffe Barracks - also on a one-way journey.

In the Harbour, No 3 Berth will be certainly reserved for troopships. The train will take the long S-bend through the station to No 1 Berth at the far end, where an ordinary typical workaday cross-Channel ferry is waiting. 'Sussex' too is about to undertake her last journey. (The photograph at the end of this text shows her before the change of Registration in 1914).

Why not the shorter route? Authors John Milton ('The Fallen Nightingale') and Professor Walter Clark ('Enrique Granados – Poet of the Piano') have suggested that it was a known submarine operating ground, also that cross-Channel ferries were escorted by the Royal Navy. Not so. The Royal Navy did not escort ferries unless they were carrying troops or military máteriel; and examination of Lloyd's records shows no particular pattern for U-boat strikes. Although both authors have said that Granados was careful of his expenditure, there were two other factors which must be considered. As I have already said, Dieppe had definite rail connections to southwest France and so on to Spain, which makes it an obvious choice for him. But I have also heard (but have been unable to verify) that 'Sussex' carried First Class passengers only. If so, the passage would not have been a cheap one.

FOLKESTONE TO …….

'Sussex' was built in 1896 by Wm Denny & Bros, Dumbarton, for the LBSCR, but in January 1914 she was transferred to their French opposite numbers, the Chemins de Fer de l'Etat, and took on French registration, a French master Captain Mouffet, and a crew which has been variously described as French or Belgian. She was a conventional sturdy passenger ferry of between 1100 and 1300 tons of a type of which Denny had already built several and were to build more before 1914. She sailed from Folkestone at 1.25 pm on Friday 24th March 1916, carrying 325 passengers and a crew of 53. She also had on board the mails for the British Expeditionary Forces in France, the Eastern Mediterranean and India (be it noted that this alone would have paid for her passage – passenger fares would have been a bonus to the Company). The weather was comforting to landlubbers – smooth Channel, good visibility with a slight haze, and a hint of snow in the air. John Milton records that Granados gave an impromptu piano recital in the Gentlemen's Smoking Room.

In the light of what was said **afterwards**, it is now important to study the Admiralty Chart of 1915 (which I have reproduced in the Appendix) to make the ship's course clear. On the normal peacetime route to Calais or Boulogne, with which travellers would be very familiar, the packet would proceed directly away from the English coastline southeast towards Calais, or slightly more southeast towards Boulogne, keeping the Varne Bank well to starboard and then following the French coastline. The famous 'white cliffs' would remain visible from the stern for a long time. This however was an unusual crossing, only undertaken because of wartime exigencies. To reach Dieppe 'Sussex' must proceed due south, which means crossing the wide sweep of Dymchurch Bay culminating in Dungeness Point to starboard, and being careful to keep the Varne Bank to port. At this stage the English coastline will be clearly visible (distances are deceptive at sea) and will even be very close at Dungeness. After Dungeness the English coastline takes a sudden bend westwards and the ship will now be heading straight out to sea. This is what the French Captain Mouffet ordered, as he deposed to the American authorities in Paris a few days later as recorded in "Papers Relating to the Torpedoing of the ss 'Sussex'", (Washington Government Printing Office, 1916). 'Sussex' passed 1 mile off Dungeness at 2 pm, then veered southwards, to head directly for Dieppe. At 2.50 pm Captain Mouffet sighted the wake of a torpedo. He took such avoiding action as was possible in an attempt to present his ship bows-on and thus offer a smaller target, but there had been no challenge or warning, and there was not enough time to complete the manoeuvre effectively. The torpedo struck 'Sussex' while she was in the area known popularly as the 'Shallow Water', latitude 50, 40' N, longitude 1,11'E (marked on the Chart).

It must be anybody's nightmare to be aboard a ship full of panic-stricken passengers in an emergency. Several were killed outright by the explosion, and Captain Mouffet himself was seriously injured and unable for a time to exercise full control. Graphic details of the horrors that occurred on board may be read in the many post-war books involved with atrocities in sea warfare, and also in the American Government Papers referred to above. Some lifeboats were launched, but were overloaded in the panic, dropping their occupants into the sea. The ship's mast collapsed, and with it her ability to send radio signals. Local newspapers such as the 'Folkestone Express' reported that many of the ship's lifebelts were rotten and unserviceable. Eyewitnesses reported seeing Amparo Granados in the water and her husband jumping from a lifeboat in an attempt to save her. Both perished. Captain Mouffet, who was convinced (correctly) that his ship could be saved, finally restored some sort of order (with the assistance, comments Compton Mackenzie in 'Greek Memories', of a British naval officer who ordered some of the crew back to their duty at pistol-point, in which he was aided by a Spanish diplomat). After some sort of radio communication was restored, ships came out to assist the stricken vessel, and 'Sussex' limped over to Boulogne, where her remaining surviving passengers were taken off. The Granadoses were not among them. The American official report includes a statement by one John Hearley, American journalist, who said he saw them in the water and recognized them as fellow passengers from the 'Rotterdam'. The French had hoped to salvage 'Sussex' and she was afterwards towed to Le Havre for this purpose, but the damage was too great for any restoration and she was broken up.

WHAT DO YOU BELIEVE?

I have related the basic facts and such details as give historical colour and interest after reference to sources quoted above, and from local newspaper archives in Folkestone, and the story ought to finish there.

Unfortunately it does not. For at this point Enrique Granados leaves centre stage and his place is taken by 'Sussex' herself, which became a pawn in the propaganda campaign between several nations. 'Sussex' was an unarmed merchant ship, a passenger ferry with an unusually heavy payload that day, of whom 50 or more perished, and with American citizens on board, some of whom were injured. It is not the purpose of this account to rake up old scores and bitterness over wartime atrocities – no country, 'civilised' or otherwise, has a clear conscience from over the last 100 years - but the war of words which followed has left many people thoroughly confused as to the truth. I now turn to many historical accounts, and notably 'From the Dreadnought to Scapa Flow' by A J Marder; 'Peace Moves and U-boat Warfare' by K E Birnbaum; and 'The Merchant Navy' by A Hurd.

Three nations principally were involved: Germany had failed in her initial target of a swift victory in France, and had committed herself to "frightfulness" (Schrecklichkeit). In particular this took the form of unrestricted submarine warfare, albeit with the occasional guilty look over her shoulder at world and especially American public opinion, but with the full approval of U-boat commanders – who, at one point when the policy was temporarily countermanded, were loud in their protests. England was by now fighting for existence in a war which had sunk into stalemate. She had experienced ruthless total war at sea for well over a year, the strategy was starting to bite, and the funds and reserves were getting very low. England desperately needed a rich ally – and a potential such ally, the USA, was being repeatedly hurt, insulted and distressed by seeing her citizens fall victim to submarine warfare. What would push her over the edge? The sinking of the 'Lusitania' had failed to do so. President Wilson of the USA had been elected on a ticket of keeping his country out of a European war – and he stuck to that policy, turning a deaf ear to the protests of his country's senators and press. If the sinking of the 'Lusitania' had failed to deflect him, would the torpedoing of the 'Sussex' finally convince the USA to enter the war as England's ally?

"IT WASN'T A TORPEDO, IT WAS A MINE"

Because, evidently, firing a torpedo is a deliberate premeditated act, whereas a mine could be claimed to be accidental in wartime. Mindful of the political consequences of alienating US public opinion, Count von Bernstorff, Imperial German Ambassador to the USA, had his story ready when confronted by the US Press on his arrival in America on March 29: "I cannot help it. One cannot blame Germany because the 'Sussex' was struck by a British mine". He did not explain, and nobody seems to have asked him, why the British should sow mines in their own shipping lanes. He had, however, unexpected support from a Greek passenger on board 'Sussex', who, on being interviewed by the Press after the disaster, unwisely attributed it to a mine. He afterwards retracted this, saying that it had only been an instinctive thought in the heat of the moment and he certainly did not discount it being a torpedo - but it was too late. As far as the British were concerned it stamped him as a German sympathiser, and his name went into blacklists for the rest of the war. The US authorities however were less satisfied with this explanation, and their naval experts examined the wreckage. As a result, the American Note to Germany of April 18 1916 had this to say: "…. A careful, thorough, scientific, impartial examination by officers of the United States Navy and Army has conclusively established the fact that 'Sussex' was torpedoed without warning or challenge to surrender, and that the torpedo with which she was struck was of German make. In the view of the United States Government these facts, from beginning to end, made the conclusion that the torpedo was discharged from a German submarine inevitable…" Meanwhile the German propaganda-machine got busy. **It must be emphasized that what follows are stories/excuses concocted well after the event in order to sow doubt in people's minds** – obviously with considerable success.

"IT WAS PROBABLY A TROOPSHIP"

(As suggested to 'The Times' Thursday April 6, 1916 "From Our Correspondent").

Germany "revealed" that some months earlier Captain Pustkuchen had been given instructions ("now unfortunately out of date") to the effect that passenger ferries only used the short sea routes Dover/Calais Folkestone/Boulogne and that anything not in those lanes could be assumed to be a troopship and therefore a legitimate target. To add verisimilitude to this story, " the decks were crowded with people." Were they? We are expected to believe that on a cold March afternoon with snow in the air, the First-Class passengers had turned away from the recital in the Gentlemen's Smoking Room in order to crowd on deck! We are also expected to accept that such people must be assumed to be soldiers until they have proffered their civilian id to the U-boat commander. A familiar pattern of transference of guilt by suggestion. One account has suggested that the mistake of identification arose due to the stern "having been widened at one time for the purpose of accommodating troops". This may be discounted by the formal statement of M. Jusserand of the French Embassy, who declared: "The 'Sussex' has never transported troops".

"IT WAS A WARSHIP OF THE ARABIS CLASS"

"IT WAS A MINELAYER"

By this time the channels of communication were not even official. Anything that the Captain of UB 29 had to say was filtered through Germany's propaganda agency. The German Government had by now admitted the sinking, but sources both official and anonymous were casting around for excuses. Germany admitted that "a U-boat" had indeed sunk a ship in the Channel on the day in question – but the description given by an "official" source (which omitted to identify itself) to the US Embassy in Berlin did not match the description of 'Sussex' in any way, and this was later admitted by Germany. Still the USA did not commit itself to war. German sympathisers in the USA spread stories emanating from the German propaganda experts. There is no point in this narrative attempting to reproduce or refute them as they never found official expression – but as a means to obtaining sympathy throughout the USA they were effective, and they have acquired a sort of status as history, hence the confusion which prompted this essay. The power of such propaganda has led to a belief in the USA that the German U-boat commander made a mistake of identification – a belief that persists to this day. It is relevant to record the statement of Rear-Admiral Grasset, Assistant Chief of Staff to Vice-Admiral Chief of General Staff: "the submarine which torpedoed the 'Sussex' could not be ignorant that she was attacking the mail boat affecting (sic) the regular service between France and England. Not only the silhouette of all such boats is known to all sailors, but the route of the 'Sussex' and the time of her passage indicated her service."

(NB 'Jane' was first published in 1897.)

WHO DO YOU BELIEVE?

As I have said, 'Sussex' was targeted in broad daylight. A cross-Channel passenger steamer has a very distinctive appearance and U-boat commanders were professional users of the sea with immediate access to images of every type of warship. 'Sussex' was only one of literally hundreds of merchant vessels attacked by U-boats. The list of excuses presented after the event, particularly the aspect of "mistaken identification", contrasts strangely with the unpleasant little episode, almost contemporary, of the cross-Channel steamer 'Brussels'. This ship, operating between Harwich and Rotterdam, had successfully defended herself against torpedo attack in 1915 by making as if to ram her aggressor. On 22 June 1916 units of the Imperial German Navy had no difficulty in identifying her sailing out of port **in the middle of the night** and forcing her into Zeebrugge. Her captain was taken prisoner, tried for what his captors defined as an offence against the German Navy, and shot.

The story now becomes totally unofficial, undocumented, and overheard by word-of-mouth gossip among German sympathisers with no evidence to back it up. Some of it has been quite rightly garnered by John Milton and Professor

Clark in course of their researches and may be commented here:

"It was a British conspiracy designed to push the USA into war."

"The captain received secret orders in Folkestone to take 'Sussex' into an area known to be the regular hunting ground of submarines" - There was no such area. Submarine 'kills' happened irregularly where a submarine happened to be operating. Any bribery or coercion would have to take into account the captain, crew, three railway companies, Lloyd's Shipping Insurance, the Post Office, and the General Officers Commanding the Expeditionary Forces awaiting their mail. Secret orders in Folkestone? From whom? 'Sussex' was a civilian vessel under the French flag.

"The ship's flag was hauled down after leaving harbour" – This was regarded as very sinister, but I am informed by Captain Barker of Trinity House that it is normal maritime practise after a vessel has left territorial waters. Naturally it would have to be hoisted in response to a challenge – but there was no challenge.

"The ship did not follow her normal course but hugged the English coastline" – Folkestone – Dieppe was not a normal course as has been explained. See Pages 22/23 of this account.

The 'conspiracy' theory has never been formalised, simply passed around as idle but politically potentially dangerous gossip, which German sympathisers sought to make more concrete by interpreting the statements of passenger witnesses (some of them reproduced above) to their own advantage.

TO CONCLUDE:

The ultimate fact in this story is that 'Sussex' was disabled by a torpedo fired from a U-Boat, and some 50 civilian passengers were killed. Statements from German sources, official at first but less so as time passed by, went through the stages of:

(a) denial that an attack was made at all;

(b) denial that Germany was responsible;

(c) admitting in the face of incontrovertible evidence that it was an attack and that Germany was responsible, but advancing in turn three separate theories of mistaken identification on the part of the U-boat commander; leading naturally to

(d) British government conspiracy as a ploy to get the USA into the war.

It is not unusual for a final publicised version of any unlikely story to obtain certification as truth, especially in circumstances where those whose responsibility it is to judge the issue have shown themselves reluctant to act on the evidence at first presented, thus encouraging the storyteller to greater efforts. I have retold this tale so that scholars and the reading public may judge for themselves where the truth lies. The comment I made to an American author listed earlier was that I might believe that the U-boat commander had a crisis of conscience over what he was doing, but there was no way I could accept that he did not know what he was attacking. I stand by that.

The Admiralty Chart of the Straight of Dover, 1915, on which I have indicated where the attack took place, can be seen in the Appendix. This is the same chart that Captain Mouffet would have used, and from which the course of the 'Sussex' can clearly be worked out.

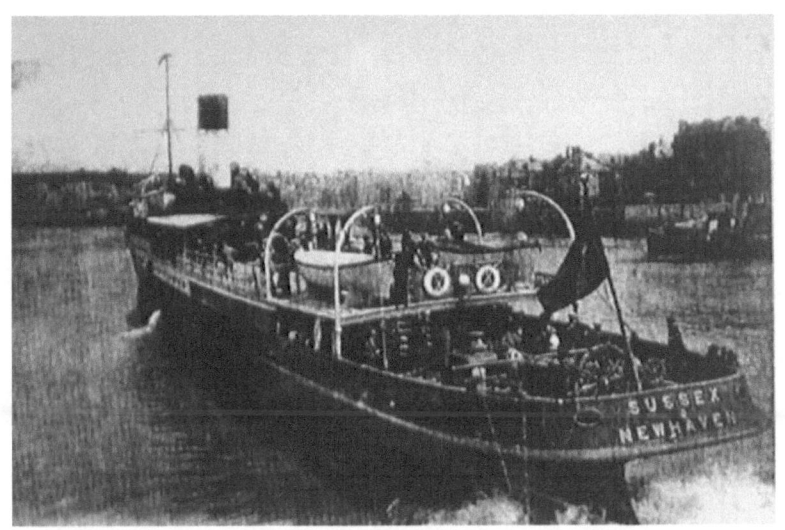

Courtesy Oakwood Press

'Sussex' in earlier days while still under the British flag.

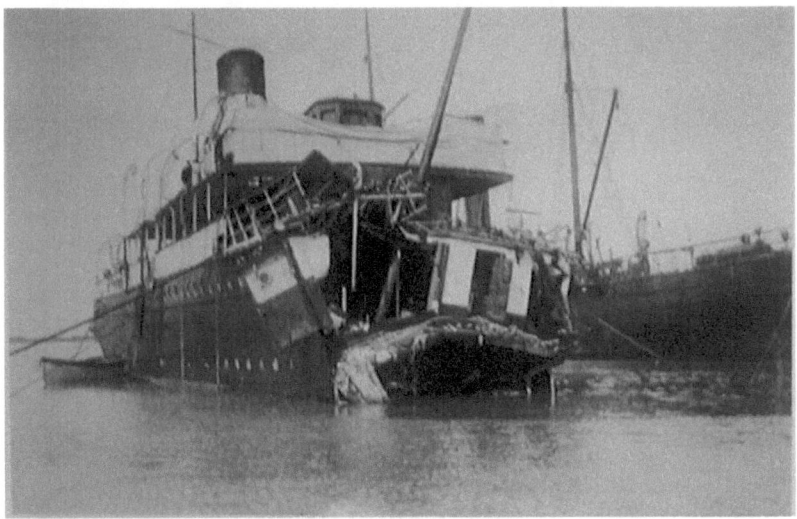

Courtesy National Maritime Museum

'Sussex' after the attack. It will be seen that although the damage is considerable, she was still seaworthy, justifying Captain Mouffet's refusal to order 'Abandon Ship'.

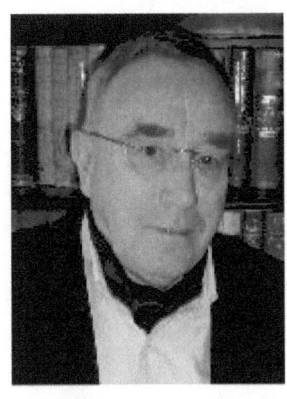**DAVID WALTON**

Unlike most English boys of the 1940's David Walton's interests leaned towards steam railways and playing the piano. By the age of eleven he had not only driven a steam railway engine, but had achieved the first five grades of piano studies. By the age of sixteen he had a working knowledge of French, Italian, German and Spanish, having used them in all these countries with WW2 still only ten years behind him.

In 1957, very few people in England spoke Italian, much less offered it as a subject for study at university. David Walton took his Bachelor of Arts at University College, London; during this period he was awarded a bursary by the Italian Government to attend the Summer School at the University of Florence. After graduating in 1960 (seven graduates that year!) he found a career in the British Civil Service. His first posting consisted of three years spent at Folkestone in maritime affairs, and involved crossing the English Channel to Calais at least twice a week. This naturally led to discussions about the peculiarities of the Channel with professional users of the sea.

In 1967 his interests extended to the Eastern Mediterranean when he learned Greek and acquired some knowledge of other Eastern European languages. The study of ancestral involvement in WW1 led to further research in these fields and produced an amazing coincidence relative to this work on Granados.

David Walton resumed music studies later at Trinity College of Music, and acquired Diplomas in piano-playing as both performer and teacher. After leaving the Civil Service in 1996 he became a teacher of piano, church organist, teacher of Modern and Classical Languages; and occasional piano recitalist. He has given first performances, including works by the Colombian composer Luis Antonio Escobar, as well as rarities by Chopin and Liszt. In 1997 he became Treasurer of the Iberian & Latin American Music Society, a position he relinquished due to ill health in 2006.

The distinguished American musicologist Professor Clark and author John Milton consulted him during the preparation of their recent publications on Granados and acknowledged him in both works. The upshot was that the famous American pianist Douglas Riva urged him to write an account in depth of the last journey of the composer. David Walton is married, has three children, lives in Surrey, and attributes all his motivation to the impetus of having a Latin-American wife!

THE LAST JOURNEY
OF ENRIC GRANADOS.
David Walton

EL ULTIMO VIA JE DE ENRIQUE GRANADOS
Spanish Translation / Traducido al español por

Clara Walton

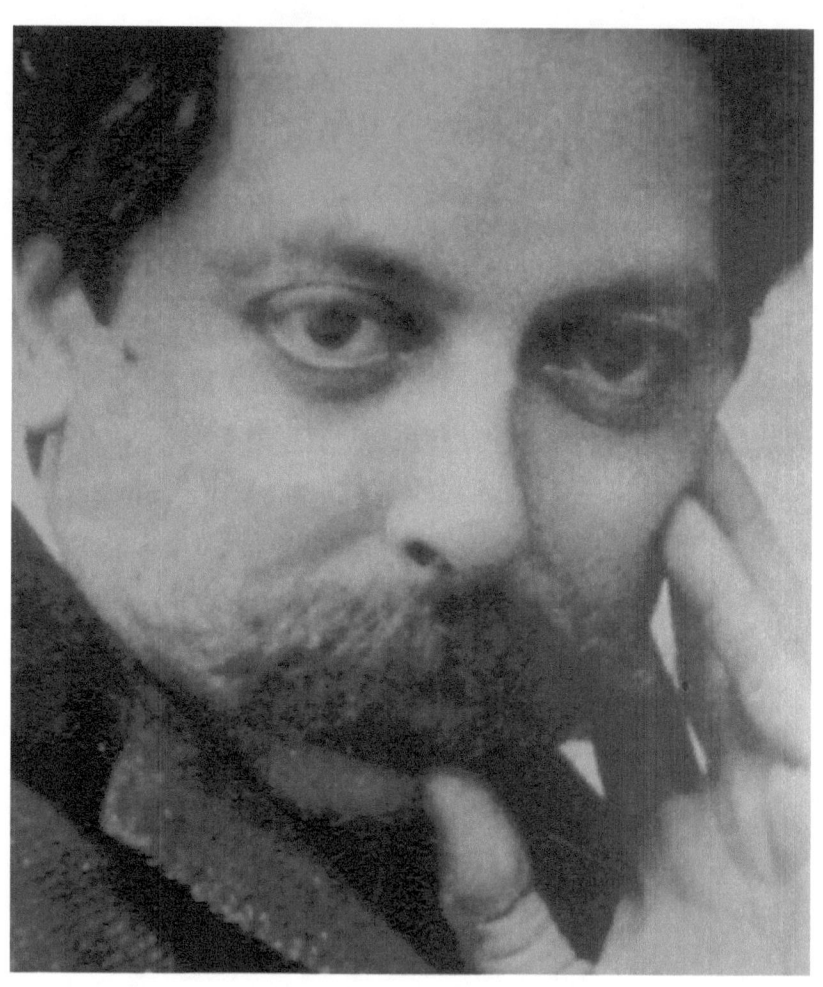

La muerte del gran compositor español Enrique Granados ha sido un tema de debato desde que ocurrió, en 1916, pero fuera de los biógrafos, que registraron el hecho de que Granados y su mujer murieron en altamar, no muchos detalles se conocieron hasta ahora.

Varios musicólogos e historiadores especularon sobre las varias posibilidades que rodean las circunstancias de la muerte de Granados, pero aquí, en este ensayo, y por primera vez, David Walton nos trae la verdadera historia de lo que realmente ocurrió a Enrique Granados, en ese día funesto del 24 de marzo de 1916.

El libro de Walton revela, con precisión militar, los detalles de la muerte de Granados en el Canal inglés. Examina todos los documentos disponibles, que contienen evidencia histórica alrededor del naufragio del navío británico 'Sussex', navegando bajo la bandera francesa, del cual ahora se sabe que fu torpedeado un submarino alemán. Granados y su mujer estában entre los pasajeros en éste barco. Volvían de un viaje a New York, en dónde se acababa de estrenar se ópera Goyescas. Tanto Granados como su mujer perecieron en ésta tragedia en el mar.

51

Por ésta razón, "Opus Publications" y "Opus Musica" han decidido que es el momento de producir ésta segunda edición del libro de David Walton "El último viaje de Enrique Granados". Es lectura obligatoria para tódos las personas interesadas en música española y en historia precisa.

Alberto Portugheis.

ENRIC GRANADOS

Enric Granados nació el 27 de julio de 1876 en Lleida. Después de que su familia se trasladáse a Barcelona, Granados empezó allí sus estudios de piano en el año 1879, y en el año siguiente los continuó con Joan Baptista Pujol. En 1883 ganó un concurso con la interpretación de una Sonata de Schumann, Op. 22. Uno de los miembros del tribunal era el notable compositor Felip Pedrell, el cual empezó a dar clases de armonía y composición a Granados el siguiente año.

En 1887 Granados se fué a París, donde estudió piano con Charles de Beriot. Después de volver a Barcelona en 1889, Granados publicó sus Danzas Españolas, que pronto le dieron reconocimiento internacional. Además de aproximadamente 250 obras para piano, Granados compuso algunas de las piezas vocales más elegantes nunca escritas con textos en español y catalán, junto con música de cámara, seis óperas (cuatro de las cuales no han sido todavía publicadas), y obras importantes para orquesta, las cuales, con dos excepciones, también permanecen sin publicar.

Tanto pianista como compositor, durante su carrera Granados dio conciertos en España, Francia y Nueva York, colaborando con los violinistas Eugène Ysäye y Jacques Thibaud, los pianistas Mieczyslaw Horzowski y Camille Saint-Saëns y directores como Isaac Albéniz y Pau Casals. Granados fué también un excelente maestro. En 1901 fundó la Academia Granados, todavía hoy existente con el nombre de Academia Marshall, bajo la dirección de Alicia de Larrocha.

En 1912 Granados conoció al pianista americano Ernest Schelling, que fue el primer pianista que interpretó su música fuera de España. Schelling consiguió que las obras de Granados fueran publicadas por G.Schirmer en Nueva York y animó a Granados a realizar sus planes de convertir sus Goyescas en una ópera, arreglando más tarde su estreno en la Metropolitan Opera.

A pesar de su temor al océano, Granados se embarcó en dirección Nueva York hacia finales del año 1915 para asistir al estreno de su ópera Goyescas el 28 de enero de 1916. Mientras estuvo en Estados Unidos dió numerosos conciertos, realizó grabaciones para rollos de pianola, y también tocó en la Casa Blanca. Granados y su mujer se hicieron a la mar de vuelta a Europa vía Londres cuando, al cruzar el Canal inglés en el barco francés 'Sussex' (anteriormente inglés), la embarcación fue torpedeada por un submarino alemán y los dos murieron.

EL ULTIMO VIA JE DE ENRIQUE GRANADOS

Hace poco más de dos años, después de hacer investigaciones para ayudar a varios académicos americanos en obtener detalles del viaje final del compositor español Enrique Granados que culminó con su muerte en el mar, escribí un artículo sobre este tema para el boletín de noticias de la Sociedad de Musica de Iberia y de Latinoamerica. (ILAMS)

El resultado directo fué que me pidieron extender el artículo en tal forma, que pudiera servir como referencia a musicólogos en el campo específico que ha sido objeto de una mezcla confusa de hechos, medias-verdades, especulación, sugestiones y francamente mentiras. Este campo específico se refiere al viaje final de Granados desde New York, después de su gira por los Estados Unidos, viaje que nunca completó. En la mayoría de las obras de referencia está simplemente registrado que murió el 24 de marzo de 1916 " en el mar".

Por lo que se relaciona a la primera parte de este relato doy mi agradecimiento por la ayuda prestada en mis investigaciones a las siguientes entidades: National Maritime Museum Greenwich; Falmouth Maritime Museum; National

Railway Museum, York; Holland-America Line, Rotterdam. También al Almirantazgo inglés por su cortesía en permitirme reproducir la parte relevante de la Carta de navegación de 1915 del Canal de la Mancha; la Oficina Metereológica; el Capitan Barker de Trinity House; y a Mervyn Fromm junto con otras personas que trabajan como voluntarios en el 'Bluebell Railway Preservation Society' (antiguamente LBSCR). Debo agradecer también a Steve Jordan, autor de 'Ferry Services of the LBSCR' y a 'Oakwood Press' por permitirme reproducir la fotografía del 'Sussex'.

DE NUEVA YORK A INGLATERRA

Granados y su esposa Amparo se embarcaron en Nueva York el 11 de marzo de 1916. No como ha sido sugerido en el 'Sussex' (que era un paquebote de 1300 toneladas!); tampoco en el 'Lusitania' (que fué en efecto torpeado en 1915), sino a bordo del transatlántico 'Rotterdam' de la línea Holland-America que hacía su último viaje debido a la guerra. Sus nombres se encuentran en la lista de pasajeros de Primera Clase. 'El 'Rotterdam' se dirigía a su Puerto de registro de Rotterdam. Algunas fuentes de información han sugerido que se dirigía a Liverpool (el punto tradicional de partida en Inglaterra para los Estados Unidos durante el siglo XIX) pero esto no era así. 'El 'Rotterdam' estaba programado para hacer una parada en las afueras de Falmouth con el objeto de desembarcar pasajeros destinados a Inglaterra, pero no de atracar en ningún otro puerto en Inglaterra. (La investigación ha sido complicada por el descubrimiento de que el barco después entró en el puerto de Dover – donde el acceso estaba prohibido a la marina comercial durante la Primera Guerra Mundial! – y donde en efecto por razones que no he podido establecer embarcó algunos pasajeros con destino a Rotterdam). El periódico 'Lista de Lloyd's constata que el barco pasó el 'Lizard Point' el domingo 19 de marzo y que el mismo día llegó a las afueras de Falmouth. La Lista de Desembarco de Pasajeros (fechada el 20 de marzo por el Contador de Navío y por el 'Aliens Officer' local) muestra que 371 pasajeros fueron desembarcados. Los nombres de Granados y su esposa estan incluídos en esta lista.

En este punto es conveniente dar un vistazo a la historia. Los marineros profesionales aceptaban un código sobre-entendido de ética inclusive en tiempo de guerra. Un barco de guerra podía atacar a un barco mercante, pero primero debía declarar un desafío izando su pabellón que era reconocido; por el barco mercante respondía de igual manera. El barco mercante podía entonces rendirse lo cual indicaba bajando su pabellón. Si la rendición no se producía de inmediato entonces el barco de guerra empezaba a abrir fuego.

Una vez que la rendición se había llevado a cabo se sob entendía que el barco victorioso tenía la obligación moral de perdonar la vida y de salvarla tanto como fuera possible - ambos lados reconocían que el enemigo verdadero era el mar. Hacer lo contrario, o sea abandonar gente incluyendo posiblemente mujeres y niños a que se ahogaran dejaba un gusto de piratería y barbarismo y no tenía lugar en guerra 'civilizada'. Por norma no molestaban los barcos de pesca.

No tengo motivo para creer que de los servicios de marina de países beligerantes antes de 1914 abusara de este código.

La invención del submarino promovió preguntas sobre al aspecto ético de sus operaciones, porque un submarino es muy vulnerable a los barcos de guerra convencionales y no tiene espacio para acomodar a bordo más que unos cuantos sobrevivientes. Su empleo táctico presumiblemente tenía que ser atacar y huír. En el siglo XXI, la televisión y cien años de atrocidades calculadas han endurecido nuestra mente a lo que la guerra impone. No era así en 1914 cuando ni siquiera se pensaba que una nación civilizada llevara guerra total a ciudadanos indefensos y dejara que estos seres humanos se ahogaran. Usaría alguno de los lados combatientes el arma del submarino de este modo? El general Hindenburg dió la respuesta en un periódico austriaco que fué reportado en 'The Times' el domingo 29 de noviembre de 1914: "Cuanto más terrible (schrecklich) uno es en guerra, más pronto el horror de la guerra (Schrecklichkeit) llegará a su final". La Gran Guerra para entonces apenas llegaba a los tres meses. Cabe dicer que Alemania ya había fallado en su estrategia inmediata de guerra: la invasión rápida a través de Bélgica y Francia; los eventos se estaban asentando en una guerra paralizada de trincheras.

El mundo no tuvo que esperar mucho tiempo para que esta política fuera implementada. 'Victimas en Barcos por Causa del Enemigo en 1914-1918' (Lloyd's) muestra una lista muy larga de barcos mercantiles atacados y hundidos o averiados por submarinos. El 'Amiral Ganteaume' que llevaba más de 2000 refugiados fué una de las primeras víctimas, más tarde el potente 'Lusitania' este último con pérdida enorme de vidas. El 'Scientific American' (29 Mayo 1915) comenta "...Cuando el comandante del submarino alemán disparó el torpedo al blanco y lo vió impactar el objetivo supo que el 'Lusitania' se hundiría rápido y mucho antes de que los pasajeros impotentes pudieran subir a los botes salvavidas.El Almirantazgo Imperial Alemán esto esperó y por lo tanto esto deseó". Un examen de los archivos de "Lloyd's" muestra que los barcos que izaban banderas neutrales tenían tanto riesgo como los beligerantes. Los barcos de pesca en particular fueron víctimas de numerosas ataques de los U-boats .

Granados extendió su permanencia en Nueva York y por esto perdió la salida de un barco transatlántico español ('Antonio Lopez') con rumbo a España. Parece que el podía escoger entre el 'Rotterdam' y una embarcación transatlántica francesa con destino a Bordeaux. Este último lo hubiera dejado mucho más cerca a su destino - pero Francia era beligerante. Quizás Granados pensó que el buque holandés representaba menor riesgo y en efecto 'el 'Rotterdam' llegó a su puerto de origen sin ninguna novedad, lo mismo que el buque frances.

Así fué como Granados y su esposa junto con la mayoría de pasajeros del 'Rotterdam' desembarcaron frente a Falmouth mediante un barco auxiliar que los llevó al puerto, donde un tren del Great Western Railway estaba esperando para llevarlos a la terminal de Paddington en Londres del GWR . En aquella época el GWR era rápido. Si el tren iba detrás de una de las famosas máquinas de clase 'City'– que tenían el record mundial de velocidad – el viaje ha sido calculado de solo 5 horas. Después ellos continuaron al Hotel Savoy (su destino en el RU anotada en la Lista de Pasajeros) para una permanencia que debe haber sido de 4 noches.

DE LONDRES AL CANAL DE LA MANCHA

En tiempo de paz el viajero al continente de Europa tenía varias opciones. En el viaje corto por mar, el South Eastern & Chatham Railway (SECR) llevaba los pasajeros de Charing Cross Station a Dover o Folkestone, una distancia de unas 70 millas. Allí subían a bordo de un paquebote, barco a vapor que pertenecía al SECR que los esperaba o a su equivalente francés. La travesía era un poco mas de 20 millas y duraba normalmente cerca de hora y media (más si el tiempo era malo – que frecuentemente era!). Al llegar a Calais o Boulogne, un tren los llevaba las 180 millas restantes a París. Una alternativa favorita para ahorrar dinero era viajar de Victoria Station en el London Brighton & South Coast Railway (LBSCR) a Newhaven. De aquí la travesía de unas 40 millas a Dieppe (calculada en esos días de 2 horas y 45 minutos), y de allí un viaje más corto por tren a París - ó una ruta designada por tren al suroeste y a España. Esta última opción era ampliamente publicada como 'la vía económica', pero tenía las desventajas de que no era famosa por travesías tranquilas, y de que duraba más de una hora adicional en el mar. Ambos sistemas ingleses de ferrocarril pertenecîan a compañías privadas.

Estas opciones se redujeron en 1916. El ejército tomo posesión tanto de Charing Cross Station como de los puertos Newhaven y Dover y los cerraron al tráfico civil. La SECR tenía la alternativa de otra terminal en Londres – Victoria Station que estaba dividida por un tabique en dos secciones de las cuales ellos controlaban una, para parte de su red ferroviaria. Esta estación podía ser utilizada por trenes que iban a los puertos del Canal de la Mancha (y por muchos años la Plataforma 8 fué muy conocida por viajeros continentales quienes subían allí a bordo del 'Flecha Dorada'). El LBSCR no tenía otro puerto a su disposición. Fué necesario un arreglo entre las dos compañías, supervisado y en la mayor parte dictado por el Ministerio de Guerra. Este proveía la facilidad de que barcos del LBSCR podían atracar en Folkestone, pero sus trenes no tenían el derecho de usar las vias del LBSCR. Los ingresos por la venta de billetes iban a la Cámara de Compensación de los Ferrocarriles y allí eran distribuídos apropiadamente entre las compañías.

Parece razonablemente claro que Granados y su esposa debieron ir por taxi desde el Hotel Savoy, a lo largo de Strand, pasando la estación de Charing Cross con sus miles de soldados en camino al Frente – y el convoy de ambulancias que ésperaban a los heridos que regresaban; bajando a Whitehall y así a la estación de Victoria. Entrarían a la seccion del LBSCR como lo exigían sus tiquetes, peró entonces debieron ser dirigidos al Bote Tren en la sección del SECR. Quizás nisiquiera ellos sabían que su destino inmediato era Folkestone y no Newhaven. El tren con sus coches pintados en rojo laca procedería despacio por los suburbios congestionados del sureste de Londres, rápidamente a través del Weald y de los campos de lúpulo en Kent, pasando los talleres de construcción de locomotoras en Ashford, a la primera vista del Canal de la Mancha desde lo alto en Shorncliffe y finalmente llegando al Empalme de Folkestone. Aquí la locomotora del Rápido sería desenganchada y una o dos máquinas auxiliares ayudarían al tren a bajar la fuerte pendiente (1:30) hasta el puerto de Folkestone, unas dos horas después de salir de Londres. Entrando al Puerto por el este, los pasajeros podrían ver al oeste la carretera igualmente empinada que baja al Puerto, y que más tarde, tristemente se llamó 'Carretera del Recuerdo' en memoria de los cientos de miles de jóvenes que bajaron

65

marchando desde el Cuartel de Shorncliffe – en un viaje también solo de ida.

En el puerto el atracadero No.3 probablemente estaba reservado para los barcos de tropas. El tren tomaría la curva larga en forma de S que pasaba la estación para llegar al atracadero No.1 localizado en el otro extremo, en donde un ferry típico rutinario para cruzar el Canal estaría esperando. El 'Sussex' también estaba a punto de hacer su último viaje. (La fotografía lo muestra antes del cambio de Registro en 1914).

Por qué nó la ruta más corta? Los autores John Milton ('The Fallen Nightingale') y el Profesor Walter Clark ('Enrique Granados – Poet of the Piano') han sugerido que se sabía que submarinos operaban en esta área, también que los ferrys eran escoltados por la Marina Real. No era así. La Marina Real no escoltaba los ferrys de pasajeros a no ser que transportaran tropas o matériel bélico; la investigación de los registros de Lloyds muestra que no hubo una pauta particular en los ataques de U-boats. Aunque ambos autores han dicho que Granados era cuidadoso con sus gastos, hay dos factores más que se deben considerar. Como ya he dicho Dieppe tenía conexiones definitivas por ferrocarril al suroeste de Francia y de allí a España lo cual la hace una alternativa obvia para él. Pero también he oído (sin poder verificarlo) que el 'Sussex' llevaba solamente pasajeros de Primera Clase. Si ésto era así el pasaje no habría sido barato.

DE FOLKESTONE A....

El 'Sussex' fué construído en 1896 por Wm Denny & Bros, Dumbarton para el LBSCR, pero en enero de 1914 fué transferido al equivalente francés, el 'Chemins de Fer de L'Etat' y adquirió registro francés, un capitán frances Capitán Mouffet y una tripulación que ha sido descrita como francés o belga. El barco era un ferry para pasajeros convencional, robusto, entre 1100 y 1300 toneladas y de un tipo del cual Denny ya había construído varios y construiría aún más antes de 1914. Zarpó de Folkestone a la 1.25pm el viernes 24 de marzo de 1916 llevando 325 pasajeros y una tripulación de 53. También llevaba a bordo el correo para las Fuerzas Expedicionarias Británicas en Francia, en el Mediterráneo Oriental y en la India (es de anotar que esto sólo habría pagado su viaje – el precio del pasaje de los viajeros habría sido un plus para la compañía). El tiempo era confortable para los pasajeros nerviosos, el mar estaba tranquilo, había buena visibilidad con calina leve y con signos de nieve en el aire. John Milton anota que Granados dió un recital espontáneo en el Salon Fumador - Caballeros.

Teniendo en cuenta lo que se dijo **después**, es importante estudiar ahora la carta de navegación de las página ver Appendice. (He reproducido la Carta del Almirantazgo de fecha 1915 para hacer clara la ruta del barco). En la ruta normal en tiempo de paz a Calais o a Boulogne, que era muy familiar a viajeros frecuentes, el barco procedería alejándose directamente de la costa británica al sureste hacia Calais, o un poco más al sureste a Boulogne, teniendo siempre buena distancia del Banco Varne al estribor y luego bordeando la costa francesa. Los famosos acantilados blancos ("White Cliffs") permanecerian visibles desde la popa por mucho tiempo. Este cruce en todo caso fue anormal y sólo se emprendió por las exigencias de tiempo de guerra. Para llegar a Dieppe el 'Sussex' debería dirigirse al sur, lo que significa cruzando la extensión amplia de la Bahia de Dymchurch que culmina en el Dungeness Point al estribor, y teniendo cuidado de que el Banco Varne permaneciera a babor. En este punto la línea del litoral inglés sería claramente visible (las distancias son engañosas en el mar) y hasta estaría muy cerca a Dungeness. Después de Dungeness el litoral inglés tiene una curva repentina hacia el oeste y el barco se dirigiría ahora directamente a mar abierto. Esto fué lo que el Capitán francés Mouffet ordenó, como él lo expuso a las autoridades americanas en París unos días más tarde (registrado en

"Documentos relacionados con el torpedeo de SS 'Sussex'" publicados por la Oficina de Imprenta del Gobierno en Washington, 1916). El 'Sussex' paso a una milla de Dungeness a las 2 de la tarde, después viró hacia el sur para dirigirse directamente a Dieppe. A las 2.50 de la tarde el Capitán Mouffet avistó la estela de un torpedo; tomó la acción evasiva que le fué posible para tratar de situarse de enfrente al torpedo con la proa del barco y así presentar un objetivo más angosto. No hubo reto o aviso y no hubo tiempo suficiente para completar la maniobra efectivamente. El torpedo impactó contra el 'Sussex' cuando estaba en el área popularmente conocida como "Shallow Water" (agua baja), latitud 50o 40' N, longitud 1o 11' E (señalada con una x en la Carta Maritima).

Debe ser una pesadilla para cualquiera estar a bordo de un barco lleno de pasajeros presos por el pánico durante una emergencia. Algunos pasajeros murieron instantáneamente por la explosión y el mismo Capitan Mouffet fué herido seriamente y no pudo tomar control completo de la situación durante un tiempo. Se pueden leer detalles gráficos de los horrores que ocurrieron a bordo en la multitud de libros escritos despues de la guerra que tratan de atrocidades cometidas en la guerra marítima, y también en los

Documentos del Gobierno Americano mencionados arriba. Algunos botes salvavidas se echaron al agua pero con el pánico fueron sobrecargados, muchos de sus ocupantes cayeron al mar. El mástil del barco se desplomó y con él la capacidad de enviar mensajes por radio. Los periódicos locales como el 'Folkestone Express' publicaron que muchos de los cinturones salvavidas estaban podridos e inservibles. Testigos presentes relataron que habían visto a Amparo Granados en el agua y que su esposo había saltado del bote salvavidas en un intento de salvarla.

Ambos perecieron. El Capitan Mouffet quien estaba convencido (correctamente) que su barco se podría salvar, finalmente restauró un poco de orden (con la ayuda, comenta Compton Mackenzie en su libro 'Memorias de Grecia', de un oficial de la marina británica, ayudado por un diplomático español, quien ordenó a punta de revólver a algunos de los tripulantes de volver a sus obligaciones). Después de que se restableció cierta comunicación por radio, algunos barcos vinieron a la ayuda de la embarcación averiada y el 'Sussex' se dirigió con mucha dificultad a Boulogne donde el resto de los sobrevivientes fueron desembarcados. Los Granados no estaban entre estos. Los documentos mencionados más arriba incluyen una declaración de John Hearley, periodista estadounidense, quien dijo que los vió en el agua y los reconoció como compañeros de pasaje del 'Rotterdham'. Los franceses tenían la esperanza de salvar el 'Sussex' y con este propósito fue remolcado después hasta Le Havre, pero el daño fué muy grande para repararlo y el ferry fué desguazado.

"QUÉ CRÉE USTED?"

Después de referirme a las fuentes de información citadas arriba y a los archivos de periódicos locales en Folkestone, he relatado los hechos básicos y ciertos detalles que dan colorido histórico e interés a mi relato. La historia debería terminar aquí.

Desafortunadamente no termina aquí porque en este punto Enrique Granados sale del escenario y su lugar es ocupado por el 'Sussex' el cual llegó a ser un mero instrumento en la campaña de propaganda entre varias naciones. El 'Sussex' era un barco mercante indefenso, un ferry que ese día llevaba una carga pesada de pasajeros poco común. De estos 50 o más perecieron, y había ciudadanos americanos a bordo algunos de los cuales fueron heridos. No es el propósito de este relato sacar a relucir cuentas viejas y rencores sobre atrocidades de guerra – no país, 'civilizado' o no, tiene la conciencia clara en lo que se relaciona a los últimos 100 años – pero la guerra de palabras que siguió ha dejado mucha gente completamente confundida acerca de la verdad.

Ahora paso a muchos relatos históricos, notablemente a 'From the Dreadnought to Scapa Flow' por A J Marder, 'Peace Moves and U-boat Warfare' por K E Birnbaum, y 'The Merchant Navy' por A Hurd. Tres naciones estuvieron involucradas principalmente: Alemania había fracasado en su meta inicial de una victoria rápida sobre Francia, y se había empeñado en "Schrecklichkeit" (horror). Esto tomó forma particularmente en la Guerra ilimitada con submarinos, aunque de vez en cuando reaccionó con culpabilidad ante la opinión pública mundial y sobre todo la americana, pero con la aprobación completa de los comandantes de los U-boats – quienes hasta cierto punto cuando esta política se canceló temporalmente, protestaron enérgicamente. Inglaterra estaba en este momento luchando por su existencia en una guerra que estaba paralizada y había sufrido implacable guerra total en el mar durante más de un año, la estrategia estaba comenzando a sentirse y los fondos y reservas estaban llegando a un punto bajo. Inglaterra necesitaba deseperadamente un aliado rico – y un aliado como tal, Estados Unidos, era lastimado, insultado y angustiado repetidamente al ver a sus ciudadanos víctimas de la Guerra submarina. Qué la empujaría a entrar a la guera? El hundimiento del 'Lusitania' había fracasado en esto. El Presidente Wilson de los Estados Unidos había sido electo con base a su plataforma de mantener al país fuera de la guerra europea – y él se aferro a esta plataforma, ignorando las protestas de los senadores y de la prensa de su país. Si el hundimiento del 'Lusitania' había fracasado en desviarlo de su posición; sería posible que al torpedear el 'Sussex' se convencieran finalmente a los Estados Unidos de entrar en la guerra como aliado de Inglaterra?

"NO FUÉ UN TORPEDO SINO UNA MINA"

Porque, evidentemente, disparar un torpedo es un acto deliberado y premeditado, por el contrario se puede pretender que una mina es un accidente de guerra.

Consciente de las consecuencias políticas de alienar la opinión pública de los Estados Unidos, el Conde von Bernstorff, Embajador Imperial Alemán en los Estados Unidos tuvo su versión lista para cuando la Prensa Americana lo abordó a su llegada en New York el 29 de marzo. "No es mi culpa. Uno no puede culpar a Alemania porque una mina Britanica impactó al 'Sussex'". No explicó, y parece que nadie le preguntó, por qué los británicos plantarían minas en sus propias rutas marítimas. Tuvo sin embargo soporte inesperado de un pasajero griego a bordo del 'Sussex' quien más tarde en una entrevista de prensa imprudentemente atribuyó el desastre a una mina. Después se retractó diciendo que solamente había sido un pensamiento instintivo en el calor del momento y que desde luego no descartaba que había sido un torpedo – pero esto fué ya muy tarde. En cuanto a los británicos se refiere esto lo marcó como partidario de los alemanes, y su nombre entró en las listas negras por el resto de la guerra.

Pero las autoridades de los Estados Unidos no quedaron satisfechas con la explicación y los expertos navales americanos examinaron los restos del barco. Como consequencia la Nota Americana a Alemania del 18 de abril 1916 dijo lo siguiente: "…..Un examen cuidadoso, minucioso, científico e imparcial de los oficiales de la Marina y del Ejército de los Estados Unidos ha establecido concluyentemente el hecho de que el Susex fué torpedeado sin recibir reto o desafío de rendirse, y de que el torpedo que lo impactó fué de marca alemana. En la opinión del Gobierno de los Estados Unidos, estos hechos desde el principio hasta el final, hicieron la conclusión inevitable de que el torpedo había sido disparado desde un submarino Alemán."

Entre tanto la máquina de propaganda alemana se puso en marcha. **Debo poner énfasis en que lo que sigue son historias/excusas confeccionadas mucho después del evento para plantar dudas en la mente de la gente -** obviamente con mucho éxito.

"ERA PROBABLEMENTE UN BARCO DE TROPAS"

(Como lo sugirió 'The Times' del jueves 6 de abril, 1916 "De nuestro corresponsal")

Alemania "reveló" que algunos meses antes el Capitán Pustkuchen había recibido instrucciones ("para entonces desafortunadamente caducadas"!) en el sentido de que los ferrys de pasajeros solamente usaran las rutas marítímas Dover/Calais, Folkestone/Boulogne y que cualquier cosa fuera de estas vías se podía asumir como barco de tropas y por lo tanto objetivo legítimo. Para añadir vericidad a esta historia, "las cubiertas estaban congestionadas con gente". Lo estaban? Tenemos que creer que en la tarde de un dia frío de marzo y a punto de nevar, los pasajeros de Primera Clase habían dado media vuelta saliendo del recital del Salon Fumador - Caballeros con el fin ir a llenar la cubierta.

Tenemos también que aceptar que esta gente se debe asumir que eran soldados hasta que hubieran ofrecido su identificación civil al Comandante del U-boat. Un modelo familiar de transferencia de culpabilidad por medio de sugestión. Un relato ha sugerido que el error en identificar el barco se produjo debido a que la popa "había sido ensanchada anteriormente con el propósito de acomodar tropas". Esto se puede descartar por el informe oficial de M. Jusserand de la Embajada Francesa, quien declaro: "El 'Sussex' jamás ha transportado tropas".

"ERA UN BARCO DE GUERRA DE LA CLASE ARABIS' "

"ERA UN BARCO MINADOR"

Para entonces los canales de comunicación no eran siquiera oficiales. Todo lo que el Capitán del UB 29 tenía para decir se filtraba a traves de la agencia de propaganda de Alemania. El Gobierno Alemán había admitido el ataque, pero fuentes de información tanto oficiales como anónimas andaban buscando excusas. Alemania dijo que "un U-boat" había en efecto hundido un barco en el Canal el día en cuestión – pero la descripción que dió "una fuente de información oficial" (que omitió idenficarse) a la Embajada Americana en Berlín no correspondía a la descripción del 'Sussex' en ninguna forma, lo cual más tarde fué admitido por Alemania. Estados Unidos aún no se comprometió a la guera. Simpatizantes alemanes en Estados Unidos diseminaron historias que emanaban de los expertos de propaganda alemanes. No tiene objeto el reproducirlas o refutarlas en esta narrativa pues nunca tuvieron expresión oficial - pero como medio de obtener simpatía a través de Estados Unidos fueron muy efectivas, y han adquirido una cierta reputación como historia, y por esto la confusión que urgió este relato. El poder de tal propaganda dió lugar a la creencia en Estados Unidos que el Comandante del U-boat alemán había hecho un error de identificación – creencia que aun persiste hoy.

Es de relevancia tomar nota del informe del Contraalmirante Grasset, Asistente Jefe del Estado Mayor al Vicealmirante Jefe del Estado Mayor General: "El submarino que 24 torpedeó el 'Sussex' no pudo ignorar de que estaba atacando el barco de correo afectando (sic) el servicio regular entre Francia e Inglaterra. No era solamente la silueta de todos estos barcos conocida por todos los marineros, sino que también la ruta del 'Sussex' y la hora del viaje indicaban su servicio."

(NB 'Jane' fué publicada por primera vez en 1897).

EN QUIÉN CRÉE? A QUIÉN SE DEBE CREER?

Como he dicho el 'Sussex' fué elegido como blanco en plena luz del día. Un ferry de pasajeros en la Mancha tiene una apariencia muy característica y Comandantes de U-Boats eran marineros profesionales quienes tenían acceso inmediato a imágenes de todo tipo de barco de guerra. El 'Sussex' era solamente una entre literalmente cientos de embarcaciones mercantes que fueron atacadas por los U-boats. La lista de excusas ofrecidas después del evento, particularmente el aspecto de 'confusión de identidad' contrasta de manera extraña con el desagradable episodio, casi contemporáneo, del ferry de la Mancha 'Brussels'. Este barco que operaba entre Harwich y 'Rotterdam' había tenido éxito defendiéndose contra ataques de torpedo en 1915 haciendo como si quisiera atacar a su agresor con el espolón. El 22 de Junio de 1916 unidades del la Armada Imperial de Alemania no tuvieron dificultad en identificar este barco zarpando del puerto **en medio de la noche** y de forzarlo a entrar a Zeebrugge. Hicieron prisionero su capitán, lo juzgaron por lo que sus captores definieron como una ofensa contra la Armada Alemana, y lo fusilaron.

La historia ahora se vuelve totalmente oficiosa, no documentada y transmitida de boca en boca entre los simpatizadores alemanes sin evidencia que la soporte. Una parte ha sido con toda razón entrojada por John Milton y el Profesor Clark en el curso de sus investigaciones y se puede comentar aquí:

"Fue una cospiración británica con el proposito de involucrar a los Estados Unidos dentro de la guerra"

"El capitán recibió órdenes secretas en Folkestone de conducir el 'Sussex' en un área conocida como cazadero de submarinos".

Esta área no existia. 'Matanzas' submarinas ocurrían irregularmente donde un submarino se encontraba activo. Cualquier soborno o coerción hubiera tenido que tener en consideración al Capitán, a la tripulación, a tres compañias ferroviarias, al Seguro de Transporte Marítimo Lloyds, a la Oficina de Correos y a los Oficiales Generales que comandaban las Fuerzas Expedicionarias quienes esperaban su correo. Ordenes secretas en Folkestone? De quién? El 'Sussex' era una embarcación civil bajo el pabellón francés.

"El pabellón del barco fue arriado después de salir del puerto..."

Esto fué considerado como muy siniestro pero el Capitán Barker de Trinity House me informó que es práctica marítima normal después de que una embarcación sale de aguas territoriales. Naturalmente el pabellon debería haber sido arriado en respuesta a un reto - pero no hubo reto.

"El barco no siguió su curso normal sino que bordeó la costa inglesa".

– Ya se ha explicado que la ruta Folkestone – Dieppe no era normal. Ver página 64 de este relato.

La teoría de 'conspiración' nunca ha sido formalizada, simplemente ha pasado como charla ociosa pero potencialmente peligrosa politicamente, la cual los simpatizadores alemanes trataron de hacer más concreta, interpretando a su favor las declaraciones de pasajeros que fueron testigos (algunas están reproducidas anteriormente).

PARA CONCLUÍR

El hecho concreto de esta historia es que el 'Sussex' fué incapacitado por un torpedo disparado desde un U-boat matando unos 50 pasajeros civiles. Declaraciones de fuentes alemanas, oficiales al principio, pero menos oficiales con el correr del tiempo pasaron a través de las siguientes fases:

(a) negación de que un ataque habia ocurrido;

(b) negación de que Alemania era la responsable;

(c) admisión, ante evidencia incontrovertible, que había sido un ataque, y que Alemania era responsable, pero ofreciendo sucesivamente tres teorías separadas de identificación: erronea de parte del Comandante del U-boat; lo cual condujo naturalmente a

(d) una conspiración del gobierno británico como truco para envolver a los Estados Unidos en la guerra.

No es raro que la última versión publicada de una historia improbable obtenga aprobación como verdadera, especialmente en circunstancias en las cuales los que juzgan el asunto se han mostrado indecisos a actuar sobre la primera evidencia presentada, y así animando al cuentista a mayores esfuerzos. He contado de nuevo esta historia para que los especialistas y el público lector puedan juzgar por sí mismos cál es la verdad. El comentario que hice a uno de los escritores americanos mencionados anteriormente fué de que yo podría creer que el Comandante del U-boat tuvo una crisis de conciencia sobre lo que estaba haciendo; pero me es imposible aceptar que él ignoraba lo que estaba atacando. Me mantengo firme en ello.

La Carta Marina del Almirantazgo de los Estrechos de Dover, 1915, en la cual he marcado el lugar preciso en el que el ataque ocurrió, puede ser vista en el Apéndice. Es la misma carta marina que el Capitán Mouffet habría usado, en el cual se puede ver claramente la ruta hecha por el 'Sussex'.

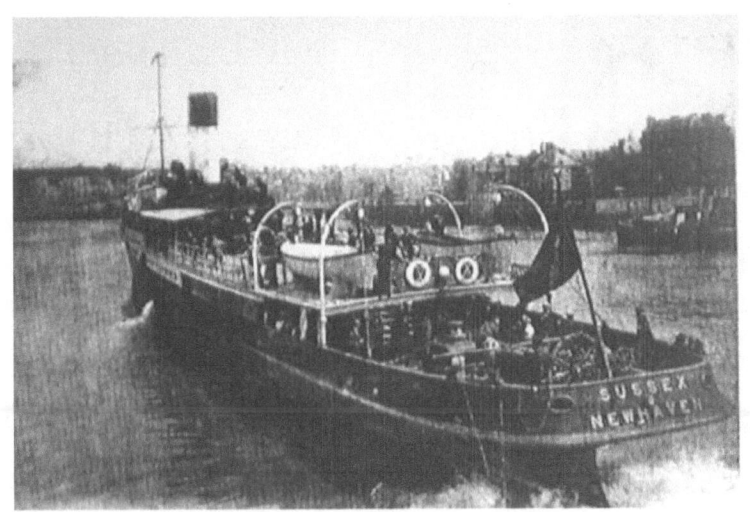

El 'Sussex', cuando aún enarbolaba pabellón británico.

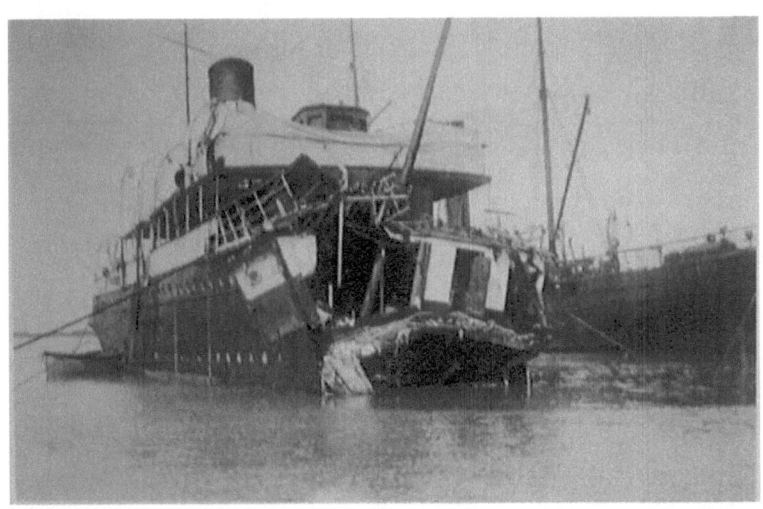

El 'Sussex' después del ataque. Se puede ver que, aunque el daño es considerable, aún está en condiciones de navegar, lo que explica porqué el Capitán Mouffet renunció a dar la order de "Abandonar la Nave"

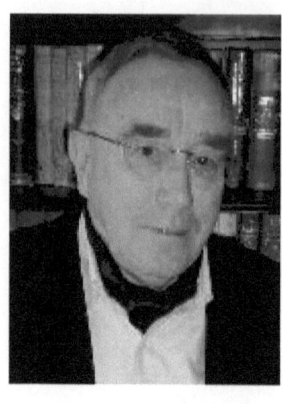

DAVID WALTON

A diferencia de la mayoría de los muchachos ingleses en la década de los '40, los intereses de David Walton se dirigieron a la época de ferrocarriles de vapor y a tocar el piano.

Cuando cumplió los 11 años no solamente había manejado una locomotora de vapor sino que había pasado los primeros cinco niveles de estudio de piano. A los 16 años tenía buen conocimiento de francés, italiano, alemán y español que había usado en los correspondientes países solamente 10 años después de la Segunda Guerra Mundial.

En 1957 muy poca gente en Inglaterra hablaba italiano, mucho menos lo escogía como materia de estudio en la Universidad pero David obtuvo su 'Bachelor of Arts' en la University College, Universidad de Londres. Por esta época recibió una beca del gobierno italiano para asistir a la Escuela de Verano de la Universidad de Florencia. Después de graduarse en 1960 (solo siete candidatos se graduaron ese año!) entró en una carrera al Servicio Civil Británico.

Casi su primer nombramiento fué en el Puerto de Folkestone en asuntos marítimos, que incluyeron la travesía del Canal de la Mancha hasta Calais al menos dos veces por semana. Esto condujo, naturalmente, a discusiones sobre las peculiaridades del Canal con los profesionales que usaban el mar.

En 1967 sus intereses se extendieron hacia el Mediterráneo oriental cuando aprendió griego y adquirió conocimiento de otros idiomas de Europa oriental. El estudio de la participación de su familia en la Primera Guerra Mundial lo condujo a investigaciones más profundas en todas estas esferas lo cual produjo extraordinarias coincidencias relacionadas con este trabajo sobre Granados.

Más adelante David Walton reanudó sus estudios de música en el Trinity College of Music adquiriendo los diplomas de Intérprete y Profesor de piano. Cuando dejó el Servicio Civil se siguio la carrera de maestro de piano, organista de iglesia, maestro de lenguajes modernos y clásicos y en ocasiones recitalista. David ha estrenado en el Reino Unido obras para piano de Liszt, Chopin y Escobar.

En 1997 fue nombrado Tesorero de Iberian and Latina American Music Society, cargo que renunció en 2006 debido a mala salud.

Fue consultado por el distinguido musicólogo Americano Profesor Clark y el autor John Milton durante la preparación de sus recientes publicaciones sobre Granados recibiendo reconocimiento en ambas obras. Como resultado, el famoso pianista americano Douglas Riva lo urgió a escribir un relato a profundidad del ultimo viaje del compositor.

David Walton está casado y tiene tres hijos, vive en Surrey y atribuye su motivación al ímpetu de tener una esposa latinoamericana!

THE LAST JOURNEY OF ENRIC GRANADOS.

DAVID WALTON

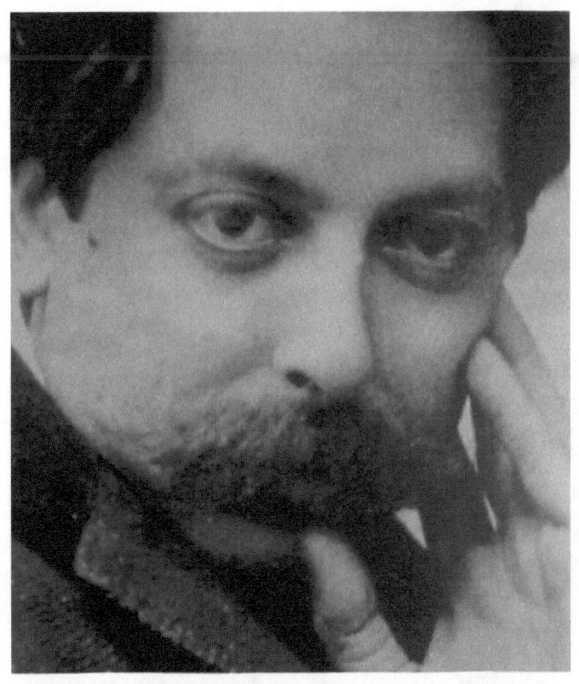

L'ÚLTIM VIATGE D'ENRIC GRANADOS

Catalan Translation / Traduït al català
per   **Helena Massip**

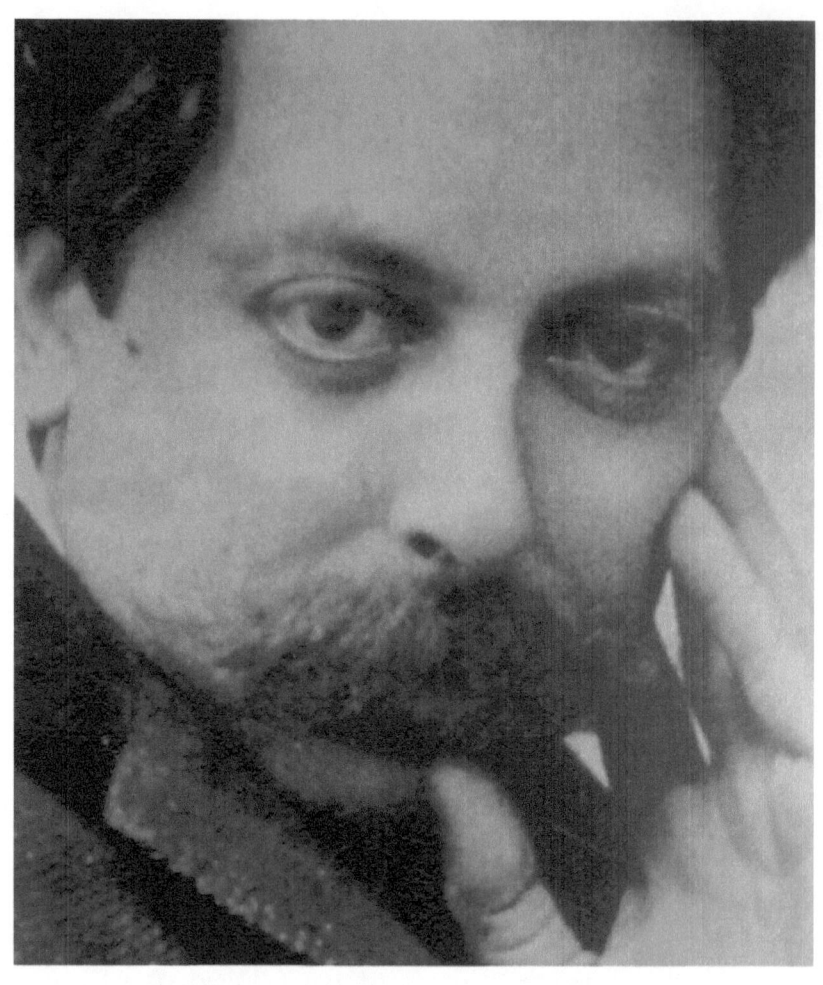

La mort del gran compositor espanyol Enric Granados, ha estat un tema de debat d'ençà que succeí el 1916, però exceptuant els biògrafs, que registraren el fet que Granados i la seva muller moriren en alta mar, fins ara no s'han conegut molts altres detalls.

Diversos musicòlegs i historiadors especularen sobre les diverses possibilitats al voltant de les circumstàncies de la mort de Granados, però aquí, en aquest assaig i per primer cop, David Walton ens porta la veritable història del que succeí realment a Enric Granados, en aquest dia funest del 24 de març de 1916.

El llibre de Walton revela, amb precisió militar, els detalls de la mort de Granados al Canal anglès. Examina tots els documents disponibles, que contenen evidència històrica al voltant del naufragi del 'Sussex', (embarcació originàriament britànica, però onejant bandera francesa) del qual ara se sap que fou torpedinat per un submarí alemany. Granados, juntament amb la seva esposa es trobava entre els passatgers d'aquest vaixell. Tornava d'un viatge a New York, on s'hi acabava d'estrenar la seva òpera Goyescas. Tant Granados com la seva dona moriren en aquesta tragèdia en el mar.

Per aquesta raó, "Opus publications" i "Opus Musica" han dedicit que és el moment de produir aquesta segona edició del llibre de David Walton "El darrer viatge d'Enric Granados". És de lectura obligatòria per a totes les persones interessades en la música espanyola i en la història rigorosa.

Alberto Portugheis

ENRIC GRANADOS

Enric Granados va néixer el 27 de juliol de 1876 a Lleida. Després que la seva família estraslladés a Barcelona, Granados començà allí els seus estudis de piano l'any 1879 i l'any següent els continuà amb Joan Baptista Pujol. El 1883 va guanyar un concurs interpretant una Sonata de Schumann, Op. 22. Un dels membres del tribunal es tractava del notable compositor Felip Pedrell, qui li començà a donar classes d'harmonia i composició l'any següent.

El 1887 Granandos anà a París, on estudià piano amb Charles de Beriot. Després de tornar a Barcelona el 1889, Granados publicà les seves Danzas Españolas, les quals li donaren aviat reconeixement internacional. A més d'aproximadament 250 obres per a piano, Granados compongué algunes de les peces vocals més elegants que s'han escrit amb textos en espanyol I català, juntament amb música de cambra, sis òperes (quatre de les quals mai no han estat publicades) i obres importants per orquestra, les quals, amb dues excepcions, també romanen sense publicar.

Tant pianista com compositor, durant la seva carrera Granados donà concerts a Espanya, França i Nova York, col·laborant amb els violinistes Eugène Ysäye i Jacques Thibaud, els pianistes Mieczyslaw Horzowski i Camille Saint-Saëns i directors com Isaac Albéniz i Pau Casals. Granados fou també un mestre excel·lent. El 1901 fundà l'Acadèmia Granados, encara ara existent amb el nom d'Acadèmia Marshall, sota la direcció d'Alicia de Larrocha.

El 1912 Granados conegué el pianista americà Ernest Schelling, que fou el primer pianista que interpretà la seva música fora d'Espanya. Schelling aconseguí que les obres de Granados fossin publicades per G. Schirmer a Nova York i animà Granados a realitzar els seus plans de convertir les seves Goyescas en una òpera, més tard preparant la seva estrena a la Metropolitan Opera.

Malgrat la por a l'oceà, Granados s'embarcà en direcció Nova York cap a finals de l'any 1915 per assistir a l'estrena de la seva òpera Goyescas el 28 de gener de 1916. Mentre fou als Estats Units donà nombrosos concerts, realitzà enregistraments per a rotlles de pianola, i també tocà a la Casa Blanca. Granados i la seva dona navegaren de tornada a Europa via Londres quan en creuar el Canal de la Mànega en

carta de navegació del 1915 del Canal de la Mànega; a l'Oficina Meteorològica; al Capità Barker de Trinity House; i a Mervyn Fromm i altres persones que treballaven de voluntaris a la "Bluebell Railway Preservation Society" (antigament anomenada LBSCR). He de donar les gràcies a Steve Jordan, autor de "Ferry Services of the LBSCR", i la Oakwood Press per permetre'm reproduir la fotografia del 'Sussex'.

DE NOVA YORK A ANGLATERRA

Granados i la seva dona Amparo embarcaren a Nova York l'11 de març de 1916. No pas en el 'Sussex', com ha estat suggerit (el qual era un ferri de 1300 tones que travessava el Canal!); tampoc en el 'Lusitania' (que fou, en efecte, torpedinat el 1915), sinó a bord del transatlàntic Rotterdam de la línia Holanda-Amèrica que feia el seu últim viatge degut a la Guerra. Els seus noms es troben a la llista de passatgers de Primera Classe. El 'Rotterdam' es dirigia al seu Port de procedència, a Rotterdam. Algunes fonts d'informació han suggerit que es dirigia a Liverpool (el punt de partida tradicional d'Anglaterra als Estats Units durant el segle XIX) però no fou així. El 'Rotterdam' estava programat per parar als afores de Falmouth amb l'objectiu de desembarcar els passatgers destinats a Anglaterra, però de no atracar en cap altre port anglès (La investigació ha esta complicada pel descobriment que el vaixell entrà després al port de Dover – on l'accés estava prohibit a la marina comercial durant la Primera Guerra Mundiai- i on, en efecte, per raons que no he pogut establir embarcà alguns passatgers amb destí a Rotterdam). El diari Llista de Lloyd's constata que el vaixell va passar el Lizard Point el diumenge 19 de

Març i el mateix dia arribà als afores de Falmouth. La Llista de Desembarcament de Passatgers (amb data al 20 de març pel Comptador Naval i per l' "Aliens Officer" local) mostra que van ser desembarcats 371 passatgers. Els noms de Granados i la seva dona estan inclosos en aquesta llista.

En aquest punt és convenient donar un cop d'ull a la història. Els mariners de professió acceptaven un codi d'ètica no escrit fins i tot en temps de guerra. Un vaixell de guerra podia atacar un mercant però primer havia de llançar un desafiament hissant els pavellons apropiats. Llavors, el vaixell mercant podia rendir-se, la qual cosa indicava tot arriant la seva bandera. Si la rendició no es donava immediatament, el vaixell de guerra obria foc. Un cop la rendició s'havia produït se sobreentenia que l'obligació moral del vaixell victoriós era perdonar i salvar les vides tant com fos possible. Ambdós costats reconeixien el Mar com el veritable enemic.

Fer el contrari, o sigui, deixar que la gent s'ofegués, possiblement dones i nens inclosos, deixava un regust de pirateria i barbàrie que no tenia lloc en una guerra "civilitzada". Els vaixells de pesca no solien ser molestats.

No tinc cap motiu per creure que cap dels serveis de marina bel·ligerants d'abans del 1914 violés aquest codi.

La invenció del submarí promogué debats sobre l'aspecte ètic de les seves operacions, ja que un submarí és molt vulnerable als vaixells de guerra convencionals i només té espai per acollir uns pocs supervivents. La seva tàctica d'ús hauria de ser presumiblement atacar I fugir. En el segle XXI, la televisió i cent anys d'atrocitats calculades han endurit les nostres ments respecte al que la guerra suposa. No era pas així al 1914, quan resultava impensable que cap nació civilitzada portés a terme una guerra total a civils indefensos tot deixant que éssers humans s'ofeguessin. Hi hauria algun bàndol que utilitzés l'arma del submarí d'aquesta manera? El general Hindenburg va donar-ne la resposta a través d'un diari austríac, tal i com reportà "The Times" el diumenge 29 de novembre de 1914:"Com més temibles sigueu a la guerra, més aviat portareu l'horror de la guerra al final", digué. La Gran Guerra llavors no feia ni tres mesos que havia començat. S'ha de fer notar que Alemanya ja havia fracassat en l'estratègia immediata de guerra: la invasió ràpida a través de Bèlgica I França; els esdeveniments s'estaven assentant en una guerra de trinxeres paralitzada.

El món no hagué d'esperar massa temps perquè aquesta política fos implementada. 'Víctimes de navegació per causes enemigues 1914-1918' (Lloyds) mostra una llarga llista de vaixells mercants atacats i enfonsats o danyats per submarins. L' 'Almirall Gentaume', que portava més de 2000 refugiats fou una de les primeres víctimes, més tard el vigorós 'Lusitania'- amb una enorme pèrdua de vides. El 'Scientific American' (29 de maig del 1915) comenta "...El comandant del submarí alemany, quan va disparar el seu torpede al blanc difús i va veure que impactava l'objectiu, sabia que el 'Lusitania' probablement s'enfonsaria ràpidament i molt abans que llurs desvalguts passatgers tinguessin la possibilitat de pujar als bots. El Ministeri de la Marina Imperial Alemany s'ho esperava I per tant era intencionat." L'examen dels arxius de "Lloyds" mostra que aquells vaixells que hissaven banderes neutrals estaven en perill igual que els bel·ligerants. Els vaixells de pesca eren particularment víctimes nombroses d'atacs dels submarins.

Granados amplià la seva estada a Nova York, deixant perdre la sortida d'un transatlàntic espanyol (l' 'Antonio López') destinat a Espanya. Sembla ser que podia escollir entre el 'Rotterdam'. i una embarcació transatlàntica francesa destinada a Bordeus. L'última opció l'hauria deixat molt més a prop del seu destí – però França era bel·ligerant. Potser

Granados va pensar que la nau holandesa representava menys risc, i efectivament el 'Rotterdam'. va arribar a port sense contratemps, de la mateixa manera que ho va fer la nau francesa. Així, Granados i la seva esposa, juntament amb la majoria de passatgers del 'Rotterdam', desembarcaren davant de Falmouth en un vaixell auxiliar que els dugué a port, on un tren de la Great Western Railway's esperava per traslladar-los a la terminal de GWR de Paddington, a Londres. En aquella època el GWR era ràpid. Si el tren anava darrera d'una de les famoses màquines de classe "City" – campiones en rècord mundial de velocitat- el viatge s'estima que durava només 5 hores. Tot seguit ells van dirigir-se a l'Hotel Savoy (la seva destinació al Regne Unit tal i com fou anotada en la Llista de Passatgers) per romandre-hi durant el que devien haver estat unes 4 nits.

DE LONDRES AL CANAL DE LA MÀNEGA

En temps de pau, el viatger que es dirigia al continent europeu tenia diverses opcions. En la ruta curta per mar, el South Eastern & Chatham Railway (SECR) portava els passatgers de Charing Cross Station a Dover o Folkestone, una distància d'unes 70 milles. Allí pujarien a bord d'un vaixell de vapor que pertanyia al SECR o al seu homòleg francès. La travessia era de poc més de 20 milles i normalment durava aproximadament una hora i mitja (més, si el temps era desagradable – cosa freqüent). Un cop a Calais o a Bologne un tren els portava a París per les 180 milles restants. L'alternativa preferida per estalviar diners era viatjar des de l'estació de Victòria amb el London Brighton & South Coast Railway (LBSCR) cap a Newhaven. Després la travessia d'unes 40 milles cap a Dieppe (calculat en aquell temps en dues hores i quaranta minuts de durada), i d'allà un trajecte més curt en tren a París, **o una ruta dissenyada per creuar França cap al sud-oest i cap a Espanya.** Aquesta opció era molt anunciada com "la voie économique", però tenia l'inconvenient que no era famosa per travessies tranquil·les, i una hora i escaig addicional al mar. Tots dos sistemes ferroviaris anglesos eren de companyies privades.

Aquestes opcions quedaren reduïdes el 1916. L'exèrcit va prendre possessió tant de Charing Cross Station com del port Newhaven i foren tancats al trànsit civil. La SECR tenia una alternativa de terminal a Londres: Victoria Station, que fou dividida en dues seccions, una de les quals era controlada com a part de la seva xarxa ferroviària. Aquesta opció podia ser utilitzada per trens que anaven als ports del Canal de la Mànega (i per molts anys l'andana 8 fou coneguda pels viatgers continentals, ja que hi agafaven el "Golden Arrow").El LBSCR no tenia cap altre port a la seva disposició. Fou necessari establir un conveni entre les dues companyies, supervisat i dictat en la seva major part pel Ministeri de Guerra, pel qual els vaixells de LBSCR podien amarrar a Folkestone però llurs trens no tenien permís per utilitzar les vies de la SECR. Els bitllets anaven a parar a la Cambra de Compensació dels Ferrocarrils i allí eren distribuïts apropiadament entre les companyies.

Per tant sembla força clar que Granados i la seva esposa devien agafar un taxi des de l'Hotel Savoya, al llarg de l' "Strand", passant per l'estació de Charing Cross amb els seus milers de soldats reclutes de camí cap al Front i el seu comboi d'ambulàncies esperant aquells que en tornaven; baixant cap a Whitehall i així cap a Victòria Station.

Entrarien a la secció de LBSCR tal i com els seus bitllets exigien, però llavors devien ser dirigits al seu Boat Train a la secció SECR. Potser ni tan sols sabien que llur destinació immediata seria Folkestone en lloc de Newhaven. El tren, amb els seus vagons pintats de color carmesí, passaria lentament a través dels suburbis congestionats del sudest de Londres, ràpidament per Weald i els camps de llúpols de Kent, pel costat dels tallers industrials per a la construcció de locomotores a Ashford, cap a les primeres vistes del Canal Anglès a dalt de Shorncliffe i finalment a l'enllaç de Folkestone. Aquí, la locomotora express seria separada i una o dues màquines auxiliars guiarien el tren per baixar la pendent costeruda (30%) fins al port de Folkestone unes dues hores després d'haver sortit de Londres. Entrant al Port per l'Est, els passatgers potser veien a l'Oest la carretera igualment abrupta que davalla cap al Port, que més tard seria tristament anomenada "Carretera del Record" en memòria als centenars de milers d'homes joves que en baixaren desfilant des del Quarter Shorncliffe - també en un viatge sense retorn. L'amarrador núm. 3 del Port era certament reservat per als vaixells de tropes. El tren agafaria la llarga corba en forma d'essa a través de l'estació en direcció a l'amarrador núm.1 localitzat a l'altre extrem, on un típic ferri dels que creuaven diàriament el Canal els esperaria. El 'Sussex' també estava a punt per emprendre els seu últim viatge. (La fotografia el mostra abans del canvi de Registre el 1914).

Per què no una ruta més curta? Els autors John Milton ("The Fallen Nightingale") i el Professor Walter Clark ("Enrique Granados – Poet of the Piano") han suggerit que se sabia quelcom d'un submarí operant en aquella zona; també que els ferris que creuaven el Canal eren escortats per la Marina Reial. No era així. La Marina no escortava els ferris de passatgers tret que portessin tropes o matériel militar; la investigació dels registres de Lloyd's demostra que no hi havia cap pauta particular en els atacs d'U-boats. Tot i que ambdós autors han dit que Granados era acurat amb les seves despeses, hi havia dos altres factors que s'han de considerar. Com ja he dit abans, Dieppe tenia determinades connexions de ferrocarril cap al sud oest de França i d'allà cap a Espanya, fet que la convertia en una opció òbvia per ell. Però he sentit (sense ser capaç de verificar-ho) que el 'Sussex' només portava passatgers de Primera Classe. En aquest cas, el bitllet no hauria pas estat barat...

DE FOLKESTONE A ....

El 'Sussex' fou construït el 1896 per Wm Denny & Bros, Dumbarton per la LBSCR, però el gener de 1914 va ser transferit als seus homòlegs francesos, els "Chemins de Fer de l'État", i adoptà un registre francès, un capità francès, el Capità Mouffet, i una tripulació que ha estat descrita tant francesa com belga. El vaixell es tractava d'un ferri convencional de passatgers, robust, d'entre 1100 i 1300 tones i d'un tipus que Denny ja havia construït i construiria encara més abans del 1914. Salpà des de Folkestone a la 1:25 de la tarda del divendres 24 de març de 1916, portant 325 passatgers i una tripulació de 53 persones. També duia a bord el correu per les Forces Expedicionàries Britàniques a França, al Mediterrani Oriental i l'Índia (s'ha de tenir en compte que això sol hauria pagat el seu viatge i els bitllets abonats pels passatgers haurien estat guanys per la companyia). El temps era agradable pels passatgers nerviosos "amants de terra ferma" – el mar estava tranquil, hi havia bona visibilitat amb una boirina prima i signes de neu a l'aire. John Milton fa constar que Granados donà un recital de piano espontani a la Sala de Fumadors dels homes.

Tenint en compte el que es digué **després,** en aquest punt és important estudiar la carta de navegació Appendice. (He reproduït la Carta de Navegació del Ministeri de Marina del 1915 fer més clar el curs del vaixell). En la ruta normal cap a Calais o Boulogne en temps de pau, molt familiar pels viatgers, el vaixell procediria allunyant-se directament de la costa anglesa al sudest en direcció a Calais, o lleugerament més al sudest, cap a Boulogne, mantenint el Varne Bank a estribord i llavors resseguint la costa francesa. Els famosos penya-segats blancs ("white cliffs") romandrien visibles des de la popa durant molta estona. Aquesta travessia, malgrat tot, era inusual, només assumida per les exigències en temps de guerra. Per arribar a Dieppe, el 'Sussex' havia de dirigir-se cap al sud, el que significava creuar l'àmplia corba de la Badia de Dymchurch que culmina amb Dungeness Point a estribord i anant en compte de mantenir el Varne Bank a babord. En aquest punt, la línia del litoral anglès ja seria visible (les distàncies al mar són enganyoses) i fins i tot s'estaria molt a prop de Dungeness. Després de Dungeness el litoral anglès es torça sobtadament cap a l'oest i el vaixell es dirigia ara cap a mar obert. Això és el que el capità Mouffet ordenà, tal i com ho declarà a les autoritats americanes a París pocs dies després (registrat a "Papers Relating to the Torpedoing of the ss 'Sussex'", publicat per Washington

Government Printing Office, 1916). El 'Sussex' va passar una milla per davant de Dungeness a les 2 de la tarda, llavors va virar cap al sud, per dirigir-se directament cap a Dieppe Quan faltaven deu minuts per les tres, el Capità Mouffet divisà el solc d'un torpede. Adoptà la millor acció evasiva que li fou possible per intentar exposar el torpede a la proa del vaixell i d'aquesta manera presentar un blanc menor, però no hi havia hagut desafiament ni avís, i no hi va haver temps suficient per completar la maniobra efectivament. El torpede abastà el 'Sussex' mentre es trobava a l'àrea coneguda popularment com "Shallow Water" (aigües poc profundes), latitud 50° 40' N, longitud 1° 11' E (marcat amb una X en la Carta de Navegació).

Ha de ser un malson per a qualsevol persona trobar-se se a bord d'un vaixell ple de passatgers arrossegats pel pànic en una emergència. Alguns moriren a l'instant de l'explosió, i el mateix Capità Mouffet fou ferit seriosament i consequüentment incapaç d'assumir el control complet de la situació durant un temps. Es poden llegir detalls gràfics dels horrors succeïts a bord en molts llibres escrits durant la postguerra que tracten de les atrocitats comeses en la guerra al mar, i en els Documents del Govern Americà mencionats anteriorment. Es llançaren a l'aigua alguns bots salvavides però amb el pànic foren sobrecarregats, fent caure els seus ocupants al mar. El pal major del vaixell es desplomà i, amb ell, la possibilitat d'enviar senyals per ràdio. Els diaris locals com el "Folkestone Express" informaren que molts flotadors salvavides estaven podrits i inservibles. Diversos testimonis presents relataren que havien vist Amparo, l'esposa de Granados, a l'aigua, i el seu marit havia saltat d'un bot salvavides intentant salvar-la. Ambdós moriren. El Capità Mouffet, convençut (correctament) que el seu vaixell es podria salvar, finalment restaurà una mica l'ordre amb l'assistència d'un oficial naval de la marina britànica, tal i com Compton Mackenzie explica a "Greek Memories", que a la vegada fou ajudat per un diplomàtic espanyol, el qual, a punta de revòlver, ordenà a una part de la tripulació tornar als seus deures. Després de restablir-se una certa comunicació per ràdio, alguns vaixells foren a assistir l'embarcació avariada, i així el 'Sussex' coixejà fins a Boulogne, on els passatgers supervivents que hi quedaven foren desembarcats. Els Granados no es trobaven entre aquests. L'Informe Oficial americà inclou una declaració de John Hearley, periodista americà, el qual digué que els veié a l'aigua i els reconegué com a companys de viatge del 'Rotterdam'. Els francesos havien tingut l'esperança de recuperar el 'Sussex' i amb aquesta intenció fou llavors remolcat a Le Havre, però els danys eren massa grans per reparar-lo i fou desballestat.

QUÈ ENS HEM DE CREURE?

Després de fer referència a les fonts citades anteriorment i als arxius de diaris locals de Folkestone, he relatat els fets bàsics i certs detalls per donar color històric i interès al meu relat. La història hauria d'acabar-se aquí.

Malauradament no és així, perquè en aquest punt Enric Granados passa a un segon terme i el seu lloc és ocupat pel mateix 'Sussex', que va convertir-se en un simple instrument en la campanya propagandística entre diverses nacions. El 'Sussex' era un vaixell mercant no armat, un ferri que aquell dia portava una càrrega inusual de passatgers, dels quals 50 o més moriren, i hi havia ciutadans americans a bord, alguns dels quals foren ferits. No és las intenció d'aquest relat de furgar en comptes pendents i rancúnies d'atrocitats de guerra – cap país, "civilitzat" o no, té una consciència clara pel que fa als últims 100 anys - però la guerra verbal que seguí ha deixat molta gent absolutament confusa pel que fa a la veritat.

Faig referència a molts informes històrics, i notablement " From the Dreadnought to Scapa Flow" d'A J Marder; "Peace Moves and U-boat Warfare" de K E Birnbaum; i "The

Merchant Navy" d' A. Hurd. Hi foren involucrades principalment tres nacions: Alemanya havia fracassat en la seva meta inicial d'una ràpida victòria a França, i s'havia compromès ella mateixa al "Schrecklichkeit" (l'horror). Això particularment prengué forma de guerra il·limitada amb submarins, tot i que ocasionalment reaccionà amb culpabilitat a l'opinió pública mundial i especialment a l'opinió pública americana, però amb l'aprovació total dels comandants dels submarins, els quals, en determinades ocasions en què aquesta política fou temporalment revocada, protestaren enèrgicament. Anglaterra en aquest moment lluitava per la seva existència en una guerra que es trobava paralitzada; havia sofert una implacable guerra total al mar durant més d'un any i l'estratègia l'estava començant a afeblir, i les reserves anaven arribant a un punt molt baix. Anglaterra necessitava desesperadament un aliat ric – i un aliat semblant, els EEUU, estava essent repetidament ferit, insultat i afligit en veure els seus ciutadans caure víctimes dels submarins. Què l'empenyeria a participar a la guerra? En aquest propòsit, l'enfonsament del 'Lusitania' havia fracassat. El President Wilson dels EEUU havia estat elegit amb la condició de mantenir el seu país fora de la guerra europea – i s'aferrà a aquesta clàusula, ignorant les protestes dels senadors i la premsa del seu país. Si l'enfonsament del

'Lusitania' havia fracassat en fer-lo canviar de posició, seria possible que el torpedinament del 'Sussex' convencés finalment a EEUU a entrar a la guerra com a aliat d'Anglaterra?

"NO VA SER UN TORPEDE, SINÓ UNA MINA"

Perquè, evidentment, disparar un torpede és un acte premeditat i deliberat, mentre que una mina podria haver estat accidental en temps de guerra.

Conscient de les conseqüències polítiques d'alienar l'opinió pública dels Estats Units, el Compte von Bernstorff, Ambaixador Imperial Alemany als EEUU, va tenir la seva història preparada pel moment d'enfrontar-se amb la premsa en arribar a Amèrica el 29 de març: "No és culpa meva. Ningú no pot acusar Alemanya pel fet que el 'Sussex' fos atacat per una mina britànica". No va explicar, i sembla ser que ningú li ho va preguntar, per què els britànics haurien d'instal·lar mines a les seves pròpies rutes marítimes. Malgrat això, tingué un suport inesperat d'un passatger grec a bord del 'Sussex', el qual, entrevistat per la premsa després del desastre, imprudentment l'atribuí a una mina. Més tard va retractar-se'n, dient que havia estat només l'efecte en l'acalorament de l'instant i que certament no descartava que hagués estat un torpede, però ja era massa tard. Pel que fa als britànics, el van etiquetar com a simpatitzant alemany, i el seu nom entrà a les llistes negres per a la restade la guerra.

117

Però les autoritats dels EEUU estaven menys satisfetes amb aquesta explicació, i els experts navals americans examinaren les restes del vaixell. Com a resultat la Nota Americana a Alemanya el 18 d'abril de 1916 digué el següent: "...Un examen acurat, minuciós, científic i imparcial portat a terme pels oficials de la Marina i de l'Exèrcit dels Estats Units ha establert conclusivament el fet que el 'Sussex' fou torpedinat sense avís o possibilitat de rendir-se, i que el torpede amb el qual fou impactat era de marca alemanya. Des del punt de vista del Govern dels Estats Units, aquests fets, des del principi fins al final, portaren a la conclusió inevitable que el torpede fou disparat des d'un submarí alemany...". Mentrestant, la màquina de propaganda alemanya es posà en marxa. **He d'emfatitzar que el que segueix són històries/excuses elaborades molt després del succés per difondre dubtes en el pensament de la gent-** òbviament amb molt d'èxit.

"FOU PROBABLEMENT UN VAIXELL DE TROPES"

(Com suggerí 'The Times' el dijous 6 d'abril de 1916 Del nostre corresponsal').

Alemanya "revelà" que uns mesos abans el Capità Pustkuchen havia rebut instruccions ("ara ja, desafortunadament, caducades") en el sentit que aquells ferris de passatgers només utilitzaven les rutes curtes Dover/Calais Folkestone/Boulogne i que qualssevol altres coses fora d'aquestes vies es podien considerar vaixells de tropa i, per tant, un objectiu legítim.

Per afegir versemblança a aquesta història, "la coberta estava congestionada de gent". Ho estava? Hem de creure que en una tarda freda de març i a punt de nevar, els passatgers de Primera Classe deixarien el recital de la Sala de Fumadors d'homes per anar a ocupar la coberta!? També hem d'acceptar que aquestes persones fossin considerades soldats fins que no haguessin ofert la seva identitat civil al comandant del submarí. El model habitual de traspàs de culpabilitat per mitjà de la suggestió. Un relat ha suggerit que l'error d'identificació va sorgir degut a que la popa "havent estat eixamplada anteriorment amb el propòsit d'allotjar-hi tropes". Això pot ser descartat amb l'informe oficial de M. Jusserand de l'Ambaixada Francesa, qui declarà: "El 'Sussex' mai no ha transportat tropes".

"ERA UN VAIXELL DE GUERRA DE LA CLASSE "ARABIS""

"ERA UN VAIXELL MINADOR"

En aquell moment els canals de comunicació no eren ni tan sols oficials. Qualsevol cosa que el Capità de l'UB 29 hagués de dir, seria filtrat a través de l'agència de propaganda d'Alemanya. El Govern Alemany ja havia admès l'atac però fonts tant oficials com anònimes anaven cercant excuses. Alemanya admeté que "un submarí", efectivament, havia enfonsat un vaixell en el Canal el dia en qüestió, però la descripció donada per "fonts oficials" (les quals ometien la seva identitat) a l'Ambaixada dels Estats Units a Berlín no coincidia de cap manera amb la descripció del 'Sussex', la qual cosa seria més tard admesa per Alemanya. Els Estats Units encara no es comprometeren en la guerra. Els simpatitzants alemanys a EEUU escamparen històries procedents dels experts de propaganda alemanys. No té sentit reproduir-les o refutar-les ja que mai tingueren expressió oficial – però com a mitjà per obtenir simpatia arreu dels Estats Units foren molt efectives, i han adquirit una espècie de reputació com a història, per això aquest relat provocà confusió. El poder d'aquesta propaganda ha portat a creure als Estats Units que el comandant del submarí alemany cometé un error d'identificació, una creença que encara avui persisteix. És rellevant prendre nota de l'informe del Contralmirall Grasset, Assistent en Cap de l'Estat Major al Vice-Almirall Cap de l'Estat Major General:

"El submarí que torpedinà el 'Sussex' podia no ser ignorant del fet que estigués atacant el vaixell de correu, afectant (sic) el servei regular entre França i Anglaterra. No només tots els mariners coneixen la silueta d'aquests vaixells, sinó que la ruta del 'Sussex' i l'hora del viatge indicaven el seu servei."

(NB "Jane" fou publicat per primera vegada al 1897)

A QUI ENS HEM DE CREURE?

Tal i com he dit, el 'Sussex' fou escollit com a blanc en plena llum del dia. Un ferri de passatgers de la Mànega té una aparença molt característica i els comandants dels submarins eren mariners professionals que tenien accés immediat a imatges de tot tipus de vaixells de guerra. El 'Sussex' fou només una de les literalment centenars d'embarcacions mercants que foren atacades pels submarins. La llista d'excuses presentades després del succés, particularment l'aspecte d' "identificació equivocada", contrasta estranyament amb el desagradable episodi, gairebé contemporani, del ferri de la Mànega 'Brussels. Aquest vaixell, que operava entre Harwich i 'Rotterdam', va defensar-se amb èxit de l'atac d'un torpede el 1915 fent com si volgués atacar el seu agressor amb l'esperó. El 22 de Juny de 1916 unitats de la Marina Imperial Alemanya no tingueren dificultats en identificar-lo mentre salpava del port **durant la nit** i forçar-lo a entrar a Zeebrugge. El seu capità fou fet presoner, jutjat pel que els seus captors definiren com a ofensa contra la Marina Alemanya, i l'afusellaren.

La història ara esdevé totalment no oficial, no documentada, i de xafarderies de boca en boca entre els simpatitzants alemanys sense cap evidència que la suporti. Una part ha estat recollida fidelment per John Milton i el Professor Clark en el curs de les seves investigacions i es pot comentar aquí:

"Fou una conspiració britànica amb el propòsit d'empènyer els Estats Units a participar en la guerra"

-"El capità rebé ordres secretes a Folkestone per portar el 'Sussex' a una àrea coneguda com a zona de caça dels submarins"

Aquesta àrea no existia. Les "matances" submarines tenien lloc irregularment on un submarí estigués operant. Qualsevol suborn o coerció hauria hagut de tenir en consideració al Capità, la tripulació, a tres companyies ferroviàries, a l'Assegurança de Transport Marítim Lloyd's, a l'Oficina de Correus i als Oficials Generals que comandaven les Forces Expedicionàries que esperaven el seu correu. Ordres secretes a Folkestone? De qui? El 'Sussex' era una vaixell civil sota pavelló francès.

-"La bandera del vaixell fou arriada després de deixar el port"

Això fou considerat molt sinistre però el Capità Barker de Trinity House m'informà que això és pràctica marítima normal després que una embarcació surt d'aigües territorials. Naturalment la bandera hauria d'haver-se alçat en resposta a un repte, però no n'hi hagué.

"El vaixell no seguí el seu curs normal sinó que resseguí la costa anglesa"

Ja s'ha explicat que la ruta Folkestone – Dieppe no era normal. Vegeu-ho a la pàgina 104 d'aquest relat.

La teoria de la "conspiració" mai no ha estat formalitzada, simplement ha passat com a xafarderia ociosa però potencialment perillosa políticament, la qual els simpatitzants alemanys intentaren fer més creïble, interpretant a favor seu les declaracions dels passatgers que en foren testimonis (algunes d' aquestes estan reproduïdes anteriorment)

PER CONCLOURE

El fet essencial en aquesta història és que el 'Sussex' fou incapacitat/ impossibilitat per un torpede disparat des d'un U-boat, matant uns 50 passatgers civils. Declaracions de fonts alemanyes, oficials al principi però menys amb el pas del temps, passaren a través de les següents fases:

(a) negació que l'atac fos dut a terme;
(b) negació que Alemanya en fos responsable;
(c) admissió, davant de l'evidència incontrovertible, del fet que fos un atac i que Alemanya en fos responsable, però oferint a canvi tres teories separades d'equivocació en la identificació per part del submarí (vaixell de tropes, vaixell de guerra "Arabis" i vaixell minador); tot portant, naturalment, a
(d) una conspiració del govern britànic com a truc per involucrar els Estats Units en la guerra.

No és estrany que l'última versió publicada d'una història improbable obtingui aprovació com a veritable, especialment en circumstàncies en les quals els qui jutgen l'afer s'han demostrat poc disposats a actuar pel que fa a l'evidència que

126

es presentà al principi (o originàriament), i d'aquesta manera encoratjant als creadors d'històries a fer més esforços. He tornat a relatar aquesta crònica perquè els especialistes i el públic en general puguin jutjar per ells mateixos on rau la veritat. El comentari que vaig fer a un autor americà mencionat anteriorment fou que jo podia creure que el Comandant del submarí va tenir una crisi de consciència pel que estava fent, però no hi va haver manera que jo acceptés que ell no sabia què estava atacant. Em mantinc ferm en això.

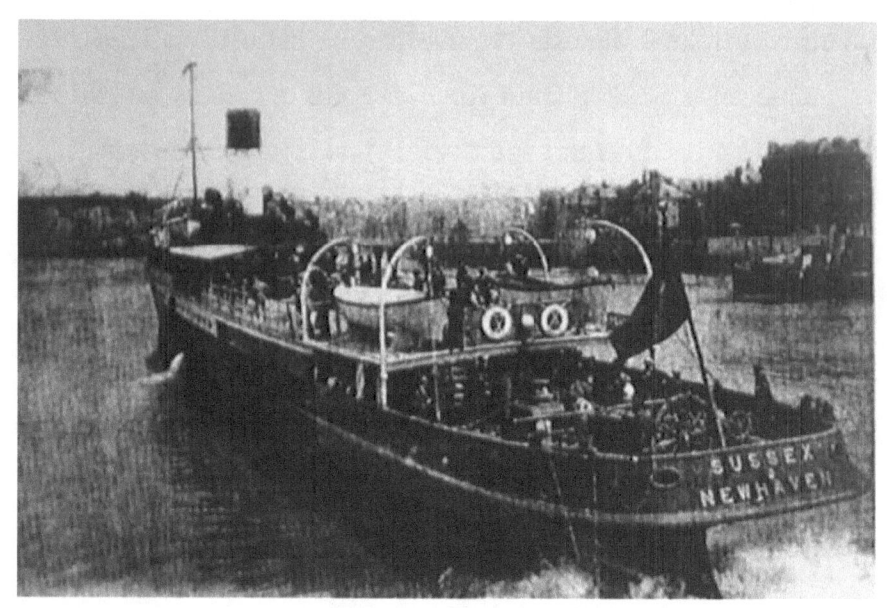

El 'Sussex', quan encara navegava sota bandera anglesa

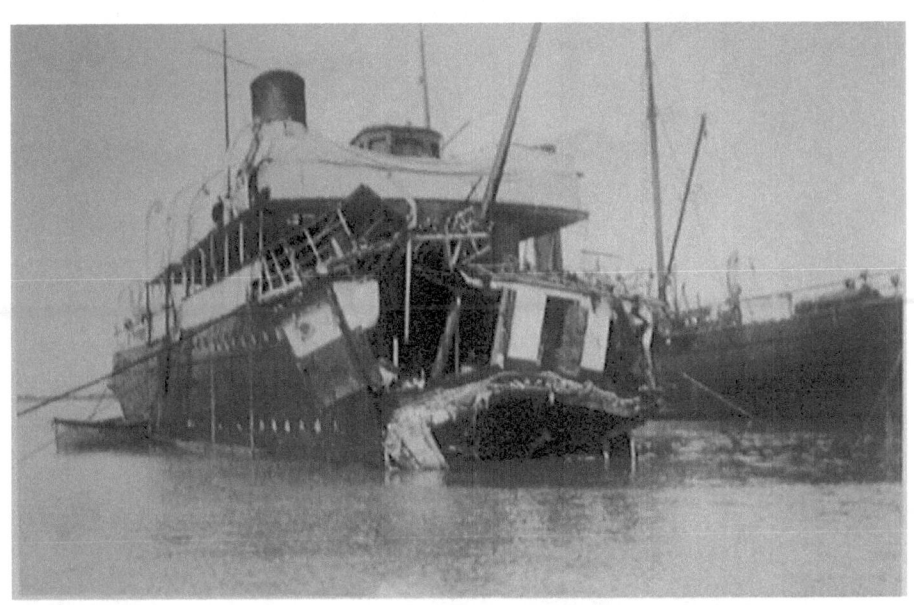

El 'Sussex' després de l'atac. S'observa que, tot i els danys considerables, encara es troba en condicions de navegar, cosa que explicaria perquè el Capità Mouffet es negà a ordenar l' "Abandonament de la Nau".

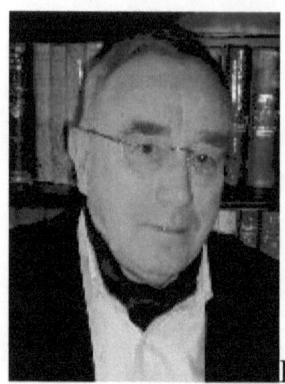

DAVIDWALTON

A diferència de la majoria dels nois anglesos de la dècada dels 40, els interessos de David Walton es dirigiren a l'època dels ferrocarrils de vapor i a tocar el piano. Amb 11 anys no només havia conduit una locomotora de vapor sinó que també havia cursat els primers cinc nivells d'estudis de piano. Als 16 anys ja tenia bon coneixement de francès, italià, alemany i espanyol, havent-los utilitzat en els respectius països només 10 anys després de la Segona Guerra Mundial.

A l'any 1957 molt poca gent a Anglaterra parlava l'italià, i encara menys l'escollia com a matèria d'estudi a la universitat. David Walton va obtenir el seu "Bachelor of Arts" a la University College, a Londres. En aquella època rebé una beca del govern italià per assistir a l'Escola d'Estiu de la Universitat de Florència. Després de graduar-se el 1960 (aquell any només 7 candidats es graduaren!)

Pràcticament el seu primer nomenament fou al Port de Folkestone en afers marítims, que incloeren la travessia del Canal de la Mànega fins a Calais almenys dues vegades per setmana. Això portà, naturalment, a discussions sobre les peculiaritats del Canal amb els professionals que utilitzaven la mar.

Al 1967 els seus interessos s'extengueren cap al Mediterrani oriental, època en la qual aprengué grec i adquirí coneixement d'altres idiomes de l'Europa Oriental. L'estudi de la participació de la seva familia en la Primera Guerra Mundial el portà a fer investigacions més profundes en totes aquestes esferes, la qual cosa produí extraordinàries coincidències relacionades amb el seu treball sobre Granados.

Més endavant David Walton reprengué els seus estudis de música al Trinity College of Music, adquirint diplomes com Intèrpret i Professor de piano. Quan deixà el Servei Civil es dedicà a donar classes de piano, fer d'organista d'església, mestre de llengües modernes i clàssiques I en ocasions recitalista. David ha estrenat al Regne Unit obres per piano de Liszt, Chopin i Escobar.

El 1997 fou nomenat Tresorer de la "Iberian and Latina American Music Society", càrrec al qual renuncià el 2006 degut a la mala salut.

Tant el distingit musicòleg americà, el professor Clark, com l'autor John Milton acudiren a Walton per ser aconsellats durant la preparació de les seves publicacions recents sobre Granados i rebé reconeixement en totes dues obres. Com a resultat, el famós pianista americà Douglas Riva l'animà a escriure un relat amb profunditat sobre l'últim viatge del compositor.

David Walton és casat i té tres fills, viu a Surrey i atribueix la seva motivació a l'ímpetu de tenir una esposa llatinoamericana.

Appendix

Ver Apéndice

Vegeu Apèndix

Véase Apéndice

Author's Note: The big technical problem with reproduction of the Admiralty Chart of the English Channel for the purposes of this book is that I have had to reduce it from about 1 metre square, which makes it very difficult to read the detail. However, even in reduction, it does serve to show the position of the 'Sussex' when she was attacked, and above all the correct course she must have been following, from Folkestone Southwards to Dieppe with a slight swerve to avoid the Varne. Historians may inspect the original Chart, of which this is a copy, at the National Maritime Museum.

Nota del autor: El gran problema de reproducción la Carta del Almirantazgo del Canal de la Mancha para los fines de este libro, es que he tenido que reducirla del original, que es de 1 metro cuadrado, y resulta difícil de leér en detalle.

Aún así, la reducción sirve para mostrar la posición del 'Sussex' cuando fué atacado, y sobre todo, el trayecto correcto que estaba siguiendo, desde Folkestone hacia Dieppe, al sur, con un pequeño desvío para evitar el Varne.

Historiadores pueden inspeccionar la Carta original, de la cual ésta es una copia, en el National Maritime Museum de Londres.

Nota de l'autor: El gran problema tècnic amb la reproducció de la Carta del Ministeri de Marina del Canal de la Mànega pels propòsits d'aquest llibre és que he hagut de reduir de l'original, d'un metre quadrat aproximadament, cosa que dificulta llegir-la al detall. Malgrat això, la reducció serveix per mostrar la posició del Sussex quan va ser atacat i, sobretot, el trajecte correcte que estava seguint, des de Folkestone fins a Dieppe, al sud, desviant-se una mica per evitar el Varne. Els historiadors podran inspeccionar la Carta original de la qual n'hem extret aquesta còpia al Museu Nacional Marítim de Londres.

The Admiralty Chart of the Straight of Dover, 1915, on which I have indicated where the attack took place, can be seen in the Appendix. This is the same chart that Captain Mouffet would have used, and from which the course of the 'Sussex' can clearly be worked out.

Carta Marina del Almirantazgo de los Estrechos de Dover, 1915, en el cual he marcado el lugar preciso en el que el ataque ocurrió. Es la misma carta marina que el Capitán Mouffet habría usado, en el cual se puede ver claramente la ruta hecha por el 'Sussex'.

Carta del Ministeri de Marina de l'Estret de Dover, a la part oriental del Canal de la Mànega, 1915. He indicat el lloc precís en el qual hi tingué lloc l'atac. Aquesta és la carta marina que el Capità Mouffet hauria fet servir,i amb la qual es pot traçar clarament el curs del 'Sussex'.

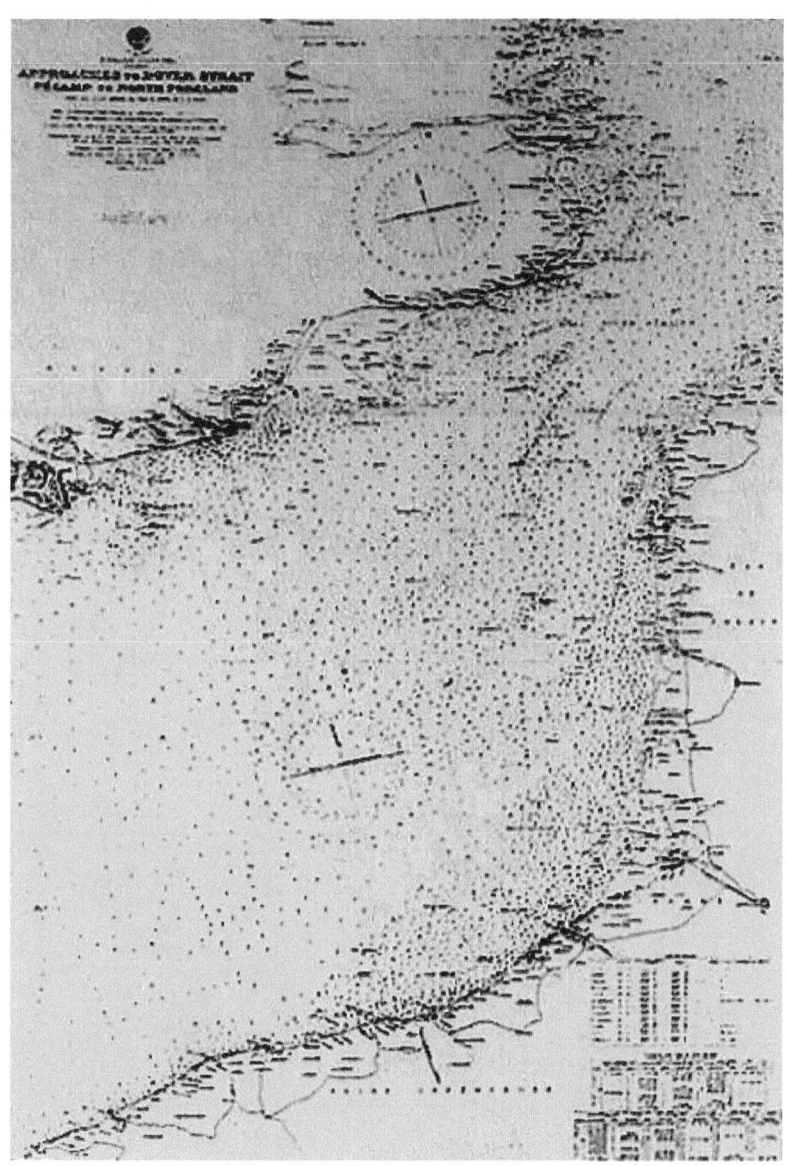

The Admiralty Chart

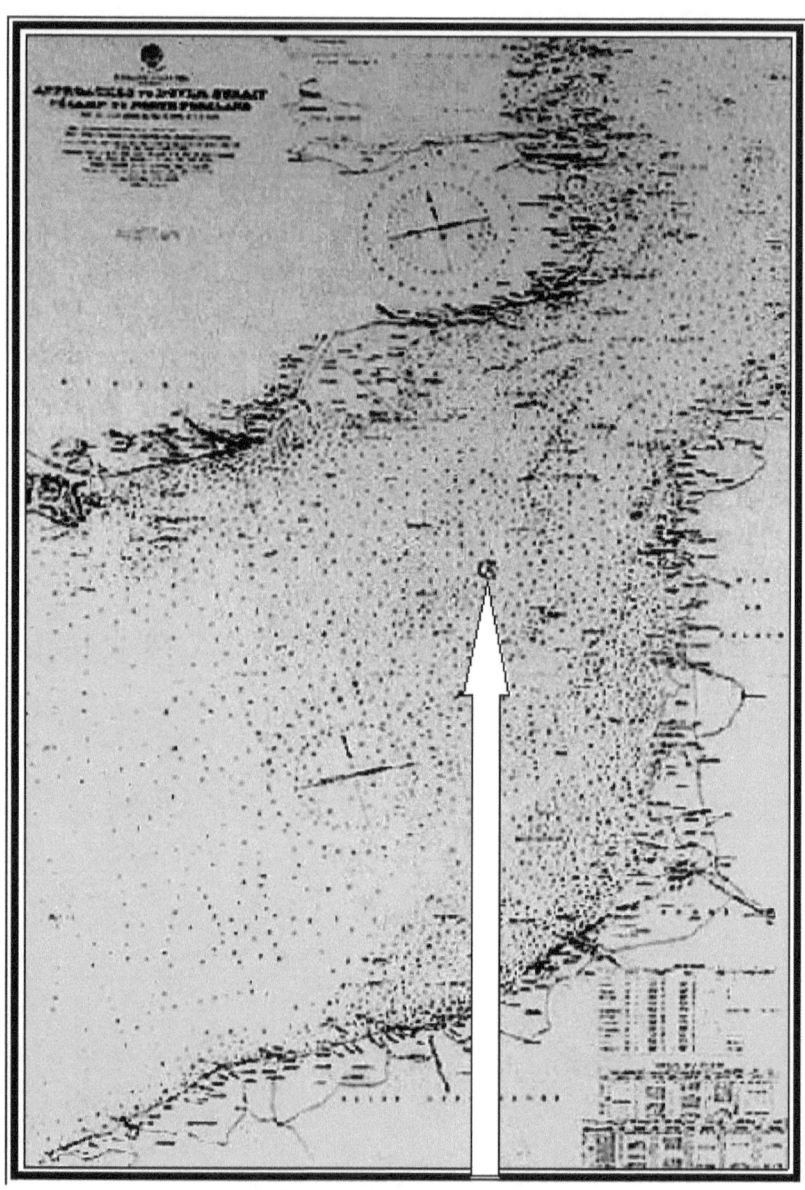

With cross added, to indicate where the torpedo struck the 'Sussex'.

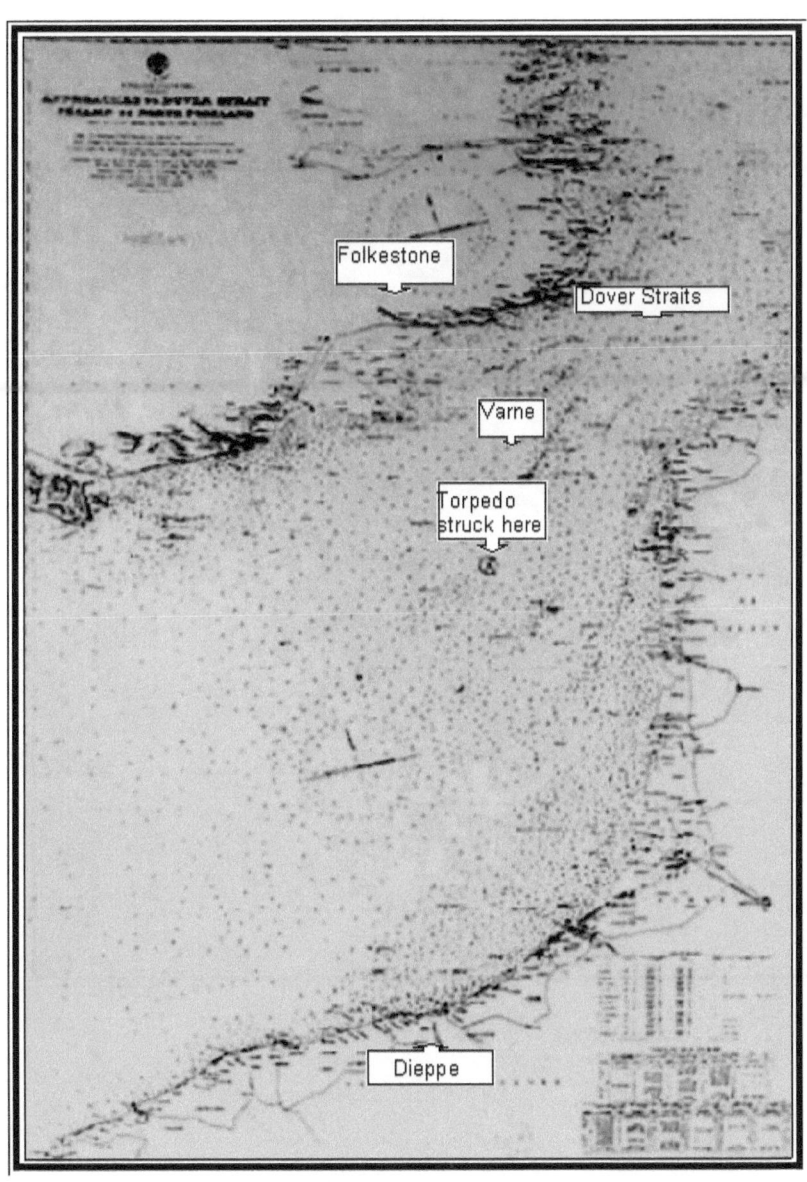

Annotated Chart to show critical points.

Detail from the Admiralty Chart

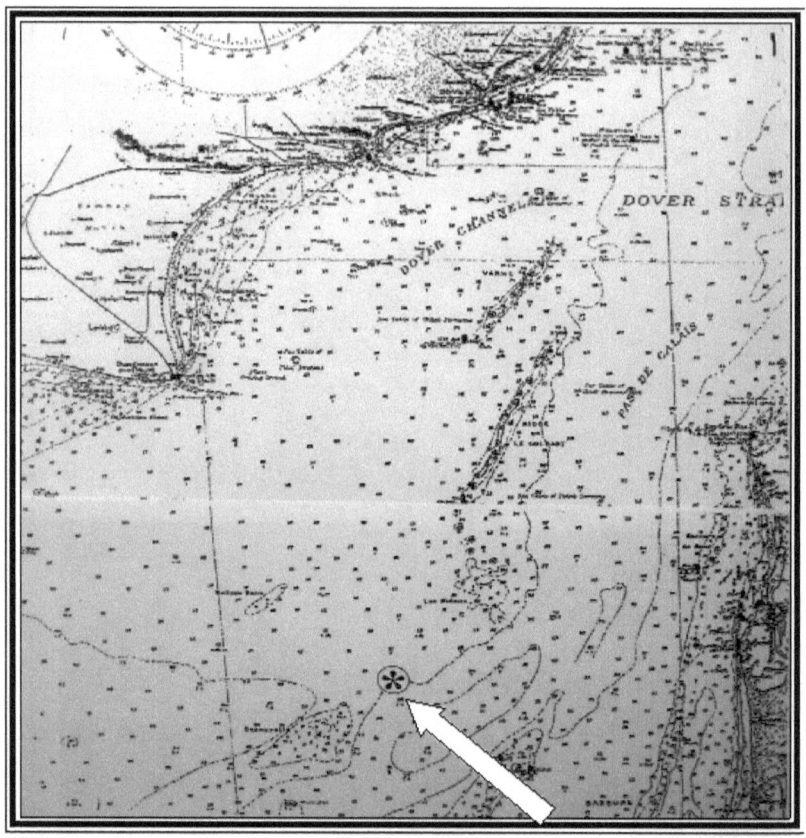

Showing position when the torpedo struck.

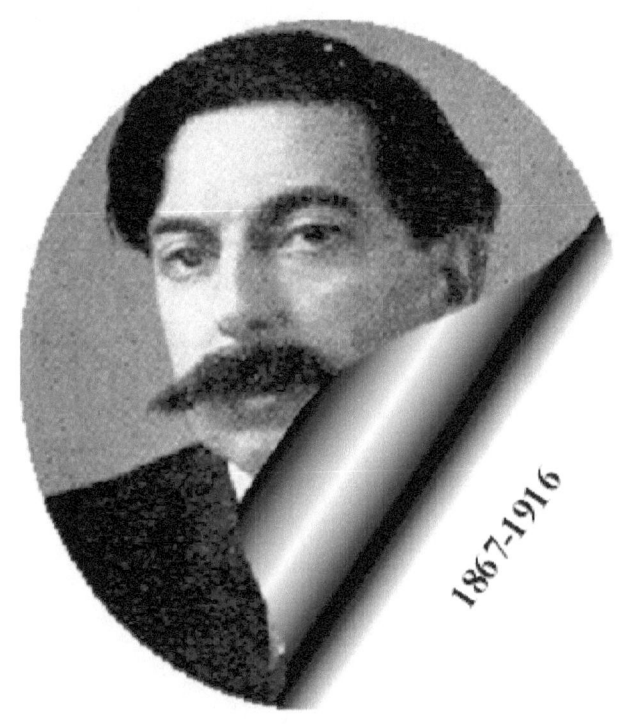

1867-1916

ALSO AVAILABLE FROM OPUS MUSICA BOOKS

THE ENIGMA OF ATLÁNTIDA
BY
ANDRÉS RUIZ TARAZONA

ENGLISH • ESPAÑOL

Opus Musica

www.ingramcontent.com/pod-product-compliance
Lightning Source LLC
Chambersburg PA
CBHW030800180526
45163CB00003B/1112